गीता सार

एक नया परिप्रेक्ष्य

अरुण कुमार कपूर

ISBN
Hard case 979-8-89133-424-3
Paperback 979-8-89133-400-7

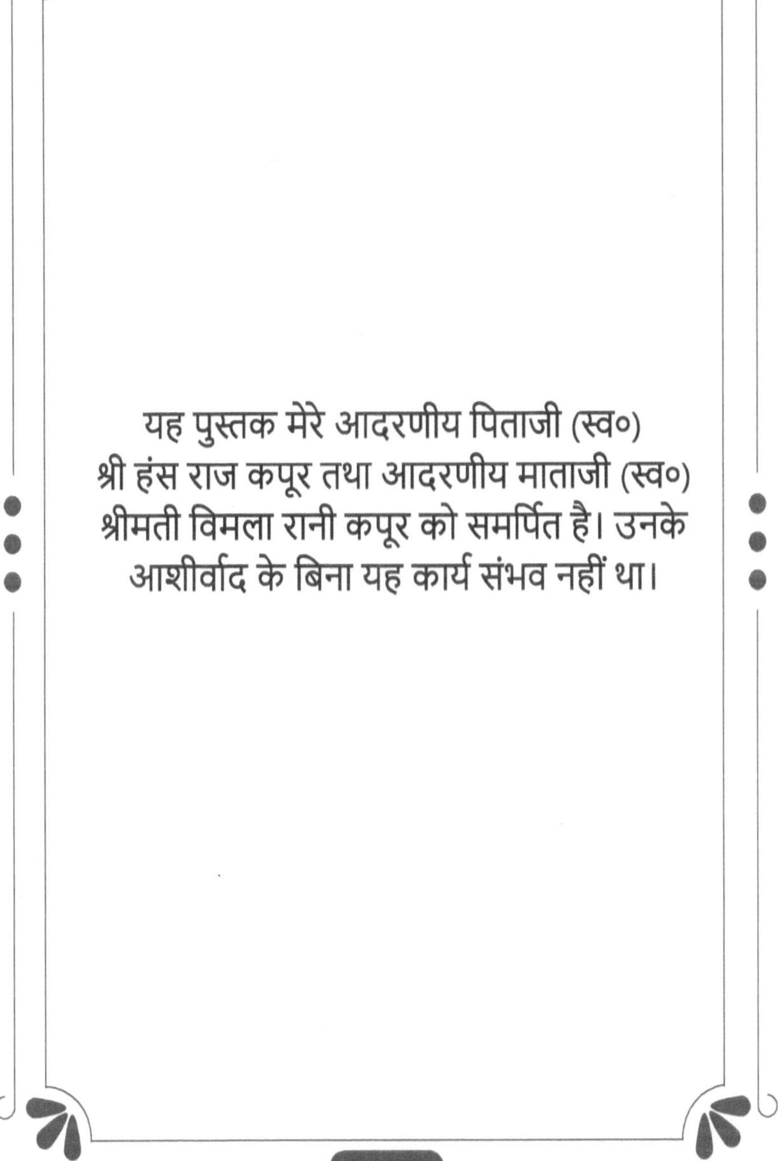

यह पुस्तक मेरे आदरणीय पिताजी (स्व०) श्री हंस राज कपूर तथा आदरणीय माताजी (स्व०) श्रीमती विमला रानी कपूर को समर्पित है। उनके आशीर्वाद के बिना यह कार्य संभव नहीं था।

लेखक की ओर से

वर्ष 2000 में मेरे दिवंगत पिताजी श्री हंस राज कपूर ने मुझे स्वामी रामसुखदास द्वारा लिखित पुस्तक 'श्रीमद्भागवत गीता- साधक संजीवनी' की प्रति भेंट की थी। प्रत्येक श्लोक और उसके व्याख्यात्मक लेखन के विस्तृत स्पष्टीकरण के साथ यह पुस्तक मेरी गीता यात्रा के लिए प्रारंभिक बिंदु और प्रेरणा बन गई। यही पुस्तक मेरी इस रचना का आधार भी है। इस पुस्तक में अपारम्परिक परिप्रेक्ष्य में गीता के संदेश को प्रस्तुत करने का प्रयास किया गया है, जिसमें प्रत्येक श्लोक के लिए अलग अलग स्पष्टीकरण के स्थान पर, सभी अध्यायों में से लिए गए प्रासंगिक सार के साथ विषयवार

संदेश प्रस्तुत किया गया है । इस रचना में भाषा को यथासंभव सरल रखने का प्रयास किया गया है। स्वामी प्रभुपाद द्वारा रचित श्रीमद्भागवत गीता - यथा रूप', ओरिएंट पब्लिशिंग, नई दिल्ली द्वारा प्रकाशित 'गीता अकॉर्डिंग टु गांधी', संत ज्ञानेश्वर द्वारा रचित 'ज्ञानेश्वरी', गीता प्रेस, गोरखपुर द्वारा प्रकाशित 'साधक-सुधा-सिंधु' और टाइम्स ऑफ़ इंडिया द्वारा प्रकाशित संकलन 'द स्पीकिंग ट्री' में दिए गए प्रेरणादायक लेखनों से भी उद्धरण लेने का सम्मान मुझे प्राप्त हुआ है।

गीता हमें दिखाती है कि हर इंसान दिन-प्रतिदिन के जीवन में सूक्ष्म वेदांत सिद्धांतों को कैसे धारण कर सकता है। भगवद्गीता एक अमूल्य मार्गदर्शक के रूप में हमें अपनी बाधाओं को दूर करने, अपनी क्षमता को पहचानने और उत्कृष्टता प्राप्त करने में सहायक है। गीता हमें अपनी पूरी क्षमता को साकार करने में सक्षम बनाती है और हमें आत्मनिर्भर बनाती है । भगवान श्रीकृष्ण ने अर्जुन को एक ऐसा युद्ध जीतने में सहायता की, जिसके लिए वह मानसिक रूप से तैयार नहीं थे । वास्तव में, भ्रम और मोह के कारण अर्जुन ने अपने शस्त्र

भी त्याग दिए थे । गीता का संदेश सिर्फ कुरुक्षेत्र युद्ध के मैदान तक सीमित नहीं है। गीता के ज्ञान को धारण करके हम जीवन में हर परिस्थिति में विजेता बन सकते हैं।

युवा सदा आनंद और अच्छे समय की तलाश में रहते हैं। सफलता, ख़ुशी और अच्छे रिश्तों की उन्हें हमेशा चाहत होती है। फिर भी निराशा, चिंता तथा तनाव उन पर हावी होते जा रहे हैं। उन्हें विश्वास है कि उनके पास जितनी अधिक सुख सुविधाएं होंगी उतना ही अधिक उन्हें आनंद प्राप्त होगा। इसलिए, वे आनंद और खुशी की झूठी समझ के कारण भौतिक चीजों का पीछा करना शुरू कर देते हैं। जल्द ही उन्हें एहसास होता है कि वे जितना अधिक लिप्त होते हैं, उतना ही वे कम आनंद ले पाते हैं। गीता हमें जैसे हम हैं, जहां हम हैं, हमारे आसपास कुछ भी बदले बिना प्रसन्न रहने में सक्षम बनाती है । हमें केवल अपना दृष्टिकोण बदलने की आवश्यकता है। जब हमारा रुझान संग्रह करने से हट कर देने में बदल जाता है, हम रचनात्मक, प्रेरित और सफल हो जाते हैं। गीता हमें संसार का आनंद लेने के साथ-साथ इससे ऊपर उठने में

सक्षम बनाती है। यह हमें सलाह देती है कि वस्तुओं के साथ संपर्क पर नियंत्रण रखना सीखें, सफलता अनपेक्षित रूप में स्वयं ही आएगी।

कोई भी पुस्तक गीता का पूर्णतया वर्णन नहीं करने में सक्षम नहीं हो सकती है। आशा करता हूँ कि यह विनम्र प्रयास अपने उद्देश्य में सफल होगा।

- अरुण कुमार कपूर

Contents

लेखक की ओर से   *5*

1   शरीर और आत्मा   11

2   प्रकृति के प्रकार - गुण   27

3   आसक्ति, निर्लिप्तता तथा द्वेष   40

4   बुद्धि   53

5   कर्म एवं कर्ता   60

6   कर्मयोग   80

7   ज्ञानयोग एवं भक्तियोग   97

8   धर्म   118

9   वर्ण वर्गीकरण   124

10	मन पर नियंत्रण	131
11	भोजन और उपवास	147
12	यज्ञ	153
13	सन्यास, तपस्या और दान	161
14	कुछ जिज्ञासाएं	173

1

शरीर और आत्मा

|| मनुष्य जिस प्रकार पुराने वस्त्रों को छोड़ कर नए वस्त्र धारण करता है, ऐसे ही आत्मा पुराने शरीर को छोड़ कर दूसरे नए शरीर में चली जाती है .... गीता 2:22 ||

पृथ्वी पर जीवन के लाखों रूप हैं। कर्म के नियमों के आधार पर आत्माएं उन्नति अथवा अवनति करते हुए शरीर के एक रूप से दूसरे रूप में पारगमन करती हैं। मनुष्य योनि को पृथ्वी पर उपस्थित जीवन की सीढ़ी में सर्वोपरि माना जाता है। तो क्या यह कहना उचित होगा कि नीचे के वर्ग की जीवन प्रजातियां ही कर्मों के अनुसार मनुष्य

रूप में जन्म लेती हैं? इसका उत्तर शायद शास्त्रों में ही मिलेगा। प्रत्येक प्रजाति का अन्य प्रजातियों के जीवित रहने की प्रक्रिया में योगदान होता है। प्रत्येक जीवधारी पांच महान तत्वों से रचित होता है तथा अंत में उन्हीं में विलीन हो जाता है, पुनः जन्म लेने के लिए। परमाणुओं के बीच होने वाली यह प्रक्रिया बहुत जटिल है और हम नश्वरों की समझ से परे है। हर जीव में सन्निहित आत्मा एक महान यात्रा पर है जिसमें यह सीमित अस्थाई अनुभवों को हासिल करने के लिए विभिन्न रूपों के साथ खुद को जोड़ लेती है। यह यात्रा पहली बार कब और क्यों शुरू हुई, यह कहना कठिन है। परमात्मा के पास लौटने की यात्रा में आत्मा को पिछले कर्मों के फल को भोगने के लिए विभिन्न अनुभवों से गुजरना होता है और इसके लिए वह एक भौतिक शरीर की सहायता लेती है। शरीर का चयन संचित कर्मों और आध्यात्मिक यात्रा पर नए अनुभव प्राप्त करने की आवश्यकता के आधार पर तय होता है।

भौतिक या नाशवान शरीर केवल एक वाहन है जिसका अविनाशी आत्मा मोक्ष की दिशा में

अपनी आध्यात्मिक यात्रा के लिए उपयोग करती है। शरीर को जीवित अवस्था में लाने के लिए आत्मा आवश्यक है और सन्निहित आत्मा के लिए कर्मफल द्वारा प्रस्तुत परिस्थितियों को भोगने तथा अपने मोक्ष की यात्रा में एक शरीर आवश्यक है। इसे समझने के लिए हमें पहले यह जानने की आवश्यकता है कि 'शरीर' क्या है और आत्मा शरीर से कैसे भिन्न है। शरीर तीन स्तरों पर कार्य करता है - स्थूल, सूक्ष्म और कारण। इनमें से केवल स्थूल शरीर ही हमें दिखाई देता है। सूक्ष्म और कारण शरीर का केवल आभास ही हो सकता है।

जो शरीर अपने विकास और निर्वाह के लिए भोजन और जल से पोषित होता है, वह स्थूल अथवा भौतिक शरीर कहलाता है। स्थूल शरीर के सीमा क्षेत्र में दिखाई देने वाले कार्य तथा इन्द्रियों से सम्बंधित प्रतिक्रियाएं शामिल हैं। ये क्रियाएं और प्रतिक्रियाएं भौतिक तल पर होती हैं। स्थूल शरीर पांच तत्वों से बनता है - अग्नि, जल, वायु, पृथ्वी और आकाश।.स्थूल शरीर आत्मा नहीं है क्योंकि इसे इंद्रियों द्वारा जाना जा सकता है और यह हर

पल बदलता है, जबकि आत्मा इन सब से मुक्त है। आत्मा का कोई घटक तत्व नहीं है। यह आकारहीन और अपरिवर्तनीय है। सूक्ष्म शरीर में इंद्रियां, मन और बुद्धि शामिल हैं। सूक्ष्म शरीर को बुद्धि द्वारा जाना जा सकता है।. सूक्ष्म शरीर के सीमा क्षेत्र में इच्छाएं, भावनाएं, विचार और ठोस विचार आते हैं। सूक्ष्म शरीर आध्यात्मिक तल पर कार्य करता और यह मनुष्य की समझ का विषय नहीं है। सूक्ष्म शरीर भी आत्मा नहीं है क्योंकि यह हर पल बदलता है और इसे जाना जा सकता है। कारण शरीर सर्वोत्तम उत्कृष्ट स्तर पर कार्य करने वाला तथा सबसे भीतर वाला शरीर है। कारण शरीर के कार्य क्षेत्र में आदर्श तथा अमूर्त विचार आते हैं। यह मानसिक तल पर कार्य करता है। आत्मा इन सब से परे है।.

ये सभी शरीर जागरूकता के विभिन्न चरणों में प्रधानता प्राप्त करते हैं, अर्थात जागने की स्थिति में, नींद में तथा गहरी नींद में। जागने की अवस्था में व्यक्ति अपनी व्यक्तिगत क्षमता के अनुसार तीनों शरीरों का पूरा उपयोग कर सकता है। नींद में सूक्ष्म शरीर की प्रधानता होती है।. गहरी नींद में कारण शरीर की प्रधानता होती है। गहरी नींद की अवस्था

में व्यक्ति को न तो स्थूल शरीर की जानकारी होती है और न ही सूक्ष्म शरीर की। हालांकि, नींद और गहरी नींद के दौरान स्थूल शरीर के आंतरिक कार्य हमेशा की तरह जारी रहते हैं।

जिस प्रकार खेत में डाले गए बीज समयानुसार फसल देते हैं, ठीक उसी प्रकार मनुष्य द्वारा किये गए कर्म नियत समय पर कर्मफल देते हैं। इस प्रकार शरीर को एक खेत अथवा क्षेत्र कहा जा सकता है। इस क्षेत्र में भावनाएं, विचार, इच्छाएं आदि भी शामिल हैं। भौतिक शरीर में होते हुए परिवर्तन देखे जा सकते हैं। सूक्ष्म शरीर में भी बदलाव होते हैं जैसे कि नींद में एक बालक स्वयं को बालक के रूप में देखता है, युवक स्वयं को युवक तथा वृद्ध व्यक्ति स्वयं को वृद्ध व्यक्ति के रूप में देखता है। कारण शरीर में भी बदलाव आता है क्योंकि बचपन में बहुत गहरी नींद आती है जो युवावस्था में कम होते हुए वृद्धावस्था में और भी कम हो जाती है। यद्यपि बचपन से युवावस्था और युवावस्था से वृद्धावस्था की यात्रा में शरीर में परिवर्तन होते हैं लेकिन मनुष्य को अनुभव रहता है कि वह वही व्यक्ति है। इसका तात्पर्य यह है कि 'स्वयं' में कोई

परिवर्तन नहीं हुआ है। जब हम गहरी नींद के बाद जागते हैं, तो हम कहते हैं कि हम गहरी नींद सोये थे और नींद के दौरान हमें किसी भी चीज के बारे में पता नहीं चला । यह ज्ञान कि हमें कुछ भी पता नहीं चला, 'स्वयं' अर्थात आत्मा का है क्योंकि आत्मा निरंतर विद्यमान है। इंद्रियों में परिवर्तन मन द्वारा जाना जाता है। मन में परिवर्तन बुद्धि द्वारा जाना जाता है। बुद्धि में परिवर्तन, अर्थात समझ के विभिन्न स्तरों को, आत्मा द्वारा जाना जाता है जो हमेशा अपरिवर्तित रहती है।. आत्मा वास्तविक दर्शक, जानकार, अनुभवकर्ता या क्षेत्रज्ञ है जो दूसरों को स्वतंत्र रूप से अनुभव कर सकती है और जान सकती है लेकिन कभी भी किसी के द्वारा जानी या देखी नहीं जा सकती है।

आत्मा सर्वव्यापी और स्थिर है। इसका कोई आकार नहीं है क्योंकि जिस चीज का आकार है, उसकी रूपरेखा की बाहरी सीमाएं होंगी और इसलिए वह हर जगह व्याप्त नहीं हो सकती है। इस प्रकार यह समांगी अर्थात एकरूप है। जो सर्वव्याप्त और एकरूप है उसे स्थिर और दृढ़ होना ही चाहिए।

इसे न तो हिलाया जा सकता है और न ही इधर उधर ले जाया जा सकता है क्योंकि गतिशीलता का अर्थ है कि वस्तु को एक समय तथा स्थान से दूसरे ऐसे समय और स्थान पर स्थानांतरित किया जा सकता है जहाँ वह पहले नहीं थी। सर्वव्याप्त होने के नाते, कोई ऐसा स्थान नहीं है जहाँ आत्मा उपस्थित नहीं है। आत्मा और शरीर समुद्र और उसकी लहरों की तरह हैं। समुद्र में लहरें पैदा होती हैं, बढ़ती हैं, कमजोर होती हैं और अंत में समुद्र में समा जाती हैं और समुद्र वैसे का वैसा ही रहता है।

आत्मा का वर्णन करना संभव नहीं है। यह हर समय अप्रकट है । कोई भी वस्तु तब प्रकट कही जा सकती है जब हम उसे किसी इन्द्रिय अंग के माध्यम से अनुभव कर सकते हैं । जो पांचों इंद्रिय अंगों की धारणा से परे है, उसे अप्रकट कहा जाता है। अप्रकट आत्मा इंद्रिय अंगों को अनुभव करने में सक्षम बनाती है।

आत्मा मन और बुद्धि की समझ से भी बाहर है। इसलिए इसकी परिभाषा नहीं हो सकती है क्योंकि इसे समझा ही नहीं जा सकता । समझने की क्रिया

स्थूल शरीर में मस्तिष्क का और सूक्ष्म शरीर में मन और बुद्धि का संयुक्त कार्य है । आत्मा जीवन का आधार होने के नाते, मन और बुद्धि को ऊर्जा देती है। इस कारण यह स्पष्ट है कि आत्मा कभी भी मन और बुद्धि की समझ का विषय नहीं हो सकती है।

आत्मा तटस्थ है। हम जानते हैं कि सूर्य अपने प्रकाश में आने वाली हर चीज को प्रकाशित करता है। भले ही वह पवित्र कर्म हो अथवा कोई आपराधिक कृत्य। लेकिन उन में से किसी कार्य के लिए सूर्य को जिम्मेदार नहीं ठहराया जा सकता। इसी प्रकार, आत्मा शाश्वत और तटस्थ होने के कारण इस बात के लिए जिम्मेदार नहीं है कि जिस जीवन को वह प्रकाशित कर रही है वह उत्तम कार्य कर रहा है अथवा बुरी गतिविधियों में लिप्त है। इन कृत्यों के प्रति वह उदासीन और असंबद्ध रहती है। सत्य सदा विद्यमान है लेकिन अज्ञान के अंधकार के कारण मनुष्य यह समझ नहीं पाता है। सत्य को समझने में असमर्थता का अर्थ यह नहीं है कि सत्य है ही नहीं। जैसे अंधेरे में रखी वस्तु को प्रकाश के आते ही देखा जा सकता है, उसी प्रकार सत्य पर

अज्ञान का पर्दा हटते ही उसका आभास हो जाता है।

आत्मा स्वयं कोई भी कार्य नहीं करती है। प्रकृति ही सभी कर्म करती है और शरीर प्रकृति का हिस्सा है। आत्मा प्रकृति से सूक्ष्म होने के कारण प्रकृति आत्मा से कार्य नहीं करा सकती। आत्मा ही प्रकृति को कार्य करने में सक्षम बनाती है। जब बिजली हमारे रेडियो को चलाती है, हम रेडियो तथा उसमें से आने वाली ध्वनि की प्रशंसा करते हैं लेकिन उस बिजली को कोई महत्त्व नहीं देते हैं जिसके कारण रेडियो चल पा रहा है। बिजली के करंट के बिना रेडियो केवल एक बेजान डब्बा ही है। बिजली मिलते ही यह अपना काम करना आरम्भ कर देता है। आत्मा और शरीर के साथ भी ऐसा ही है।

इस विषय पर एक और उदाहरण रेलगाड़ी का हो सकता है जो इंजन से शक्ति प्राप्त करती है। लेकिन बिजली अथवा भाप के बिना इंजन बेकार है। इंजन की अपनी कोई इंद्रियां, मन और बुद्धि नहीं होती। इसलिए इसे चलाने के लिए इंद्रियों, मन और बुद्धि से युक्त एक चालक की आवश्यकता

होती है। दूसरी ओर मनुष्य के पास शरीर के रूप में एक इंजन होता है और उसे चलाने के लिए इंद्रियां, मन और बुद्धि होने के कारण इसके लिए चालक की आवश्यकता नहीं है। लेकिन एक प्रकाश स्रोत फिर भी उसके लिए आवश्यक है।. आत्मा ही वह प्रकाश स्रोत है। आत्मा का प्रकाश पहले बुद्धि में परिलक्षित होता है, बुद्धि से यह मन में जाता है, मन से यह इंद्रियों के पास जाता है और फिर ही शरीर कार्य करता है। बुद्धि, मन, इंद्रियां और शरीर- ये विधाएं हैं और इनको प्रकाशित करने वाली आत्मा है जिसका इन सबसे कोई सम्बन्ध नहीं होता है।

स्वामी प्रभुपाद अपनी पुस्तक श्रीमन्द्भागवद्गीता- यथारूप' में लिखते हैं, "हममें से प्रत्येक किसी अन्य क्षेत्र में, किसी अन्य समय पर, किसी अन्य रूप में किये गए अपराधों के कारण व्यक्तिगत रूप से आज पीड़ित हैं। पूर्व समय में अपराध करने वाले तथा आज पीड़ित होने वाले व्यक्ति में अवश्य कोई सम्बन्ध होगा। हम सब में स्थित मन-बुद्धि उपकरण ही यह सम्बन्ध है। मृत्यु के समय सूक्ष्म शरीर अपने सभी संकायों को एकत्रित कर के कर्मों का लेखाजोखा स्थूल रूप में

नहीं बल्कि केवल एक महक के रूप में अपने साथ ले जाता है। शरीर की मृत्यु होने पर सूक्ष्म शरीर स्थूल निवास का त्याग करता है, और नई शारीरिक संरचना में पहुंचने पर, अपने उस नए निवास' स्थान के माध्यम से अपने संकायों का उपयोग करने के लिए पुनः उपस्थित हो जाता है "।

जो कुछ भी व्यक्ति अपने जीवनकाल में करता है मन-बुद्धि उपकरण उसे दर्ज करता है और यह उपकरण आत्मा के साथ ही रहता है। यह उपकरण पूर्व संस्कारों तथा नए अनुभवों को संगृहीत करता है। शरीर को धारण किये हुए जब मन-बुद्धि उपकरण पाता है कि वह शरीर उसकी आध्यात्मिक यात्रा में अब कोई योगदान नहीं दे सकेगा तो वह उस भौतिक शरीर को जीर्ण मानकर उसका त्याग कर देता है। शरीर की आयु और स्वास्थ्य का इससे कोई सम्बन्ध नहीं है। वर्तमान शरीर को त्याग कर आत्मा दूसरे ऐसे शरीर को धारण कर लेती है जो कि उसकी आने वाली आध्यात्मिक यात्रा में सहायक होगा। समस्या यह है कि मनुष्य पुराने वस्त्रों का त्याग करके नए वस्त्र पहनने पर तो बहुत प्रसन्न होता है लेकिन जब आत्मा नया शरीर धारण

करने के लिए पुराने शरीर का त्याग करती है तो वह बहुत दुखी होता है। ऐसा आसक्ति के कारण होता है क्योंकि मनुष्य यह सोचकर हमेशा जीवित रहना चाहता है कि शरीर की मृत्यु उसका स्वयं का अंत है। वास्तव में सभी बदलाव मन और बुद्धि में होते हैं, आत्मा में नहीं।.

आत्मा उस पर्दे के समान है जिस पर चलचित्र दिखाया जाता है। फिल्म में हिंसा, खून-खराबा, तूफान, भावनाएं, आंसू आदि होने के बाद बावजूद पर्दे को कोई हानि नहीं होती है तथा फिल्म खत्म होने पर वह पहले की तरह साफ़ सुथरा ही रहता है। इसी प्रकार परिवर्तनहीन तथा अनंत आत्मा वह पर्दा होती है जिस पर जीवन का नाटक खेला जाता है। लेकिन कर्मों का उद्देश्य तथा भाव मन-बुद्धि उपकरण में दर्ज़ कर हो जाते हैं जो कि कर्मफल के निर्धारण का आधार बनते है। किसी भी कार्य के लिए आत्मा को न तो दोष दिया जा सकता और न ही उसकी सराहना की जा सकती है। रेलगाड़ी जब पटरी से उतर जाती है तो भाप को इसका दोष नहीं दिया जाता है और जब गाड़ी अपने गंतव्य पर समय पर पहुँच जाती है तो उसके लिए भाप की

प्रशंसा भी नहीं होती है। जबकि यह सत्य है कि है न तो दुर्घटना और न ही यात्रा का सफलतापूर्वक पूर्ण हो जाना भाप के बिना हो सकता है।

सभी जानते हैं मृत्यु होने पर हमारे शरीर का क्या होता है, परन्तु आत्मा का क्या होता है यह कोई नहीं जानता है। भौतिक मृत्यु का अर्थ है हमारे नश्वर शरीर के दायरे से हमारी अमर आत्मा की रिहाई। शरीर की मृत्यु के पश्चात आत्मा उस ऊर्जा से मिल जाती है जिससे वह कभी अलग ही नहीं हुई थी। इस मिलन को समझने के लिए, आइए एक कमरे का उदाहरण लें। कमरे के अंदर की जगह कमरे के चारों ओर असीमित जगह का एक हिस्सा है। यदि कमरे की दीवारें गिरा दी जाती हैं, तो कमरे के अंदर का वायुमंडल बाहर के वायुमंडल में विलीन हो जाता है और पूरा वायुमंडल निरंतर हो जाता है। इसी प्रकार आत्मा के शरीर से अलग होने के पश्चात जीवात्मा तथा अंतरिक्ष निर्बाध रूप से फिर से जुड़ जाते हैं। मन बुद्धि उपकरण में जमा संस्कारों तथा जिन कर्मों के फल अभी प्राप्त नहीं हो सके हैं, उनके आधार पर आत्मा को एक नया शरीर मिलता है।

शरीर, आत्मा और परमात्मा के बीच संबंध की व्याख्या करने के लिए एक और उदाहरण प्रस्तुत है। आत्मा परमात्मा का अभिन्न और अविभाज्य अंग है। आत्मा तो शरीर के अंदर रहती है लेकिन परमात्मा सर्वव्यापी है। दोनों ही आकारहीन तथा अदृश्य हैं। आत्मा अजन्मी तथा अमर है। वह परमात्मा की भांति स्वयंभू है तथा यह जिस शरीर में रहती है उसके किसी भी कार्य में हस्तक्षेप नहीं करती है। मान लीजिए कि हम खुले मैदान में खड़े हैं और चारों तरफ सूरज की रोशनी है। अब यदि हम एक कमरे में जा कर उसका दरवाजा खोल कर रखें तो हमें कमरे के भीतर भी उतना ही स्पष्ट दिखाई देगा जितना की कमरे के बाहर। आत्मा तथा परमात्मा का सम्बन्ध भी ऐसा ही है। परमात्मा सूर्य के प्रकाश की भांति सब कुछ प्रकाशित करते है, आत्मा शरीर के अंदर को प्रकाशित करती है। यदि हम कमरे का दरवाजा बंद कर देते हैं तो कमरे में अँधेरा हो जाता है। स्थिति पुनः पहले जैसी हो जाएगी यदि दरवाजा फिर से खोल देते हैं अथवा उस कमरे की दीवार को गिरा देते हैं। हालाँकि आत्मा परमात्मा का अभिन्न अंग है, हम दरवाजा बंद होने के कारण

भूल से उसे परमात्मा से अलग मानने लगते हैं। अन्धकार होने के कारण आत्मा अपने आप को शरीर का हिस्सा मानने लगती है। कमरे में अँधेरा होने का यह अर्थ नहीं है कि बाहर प्रकाश नहीं है। यह मन ही है जो दरवाजा बंद करके आत्मा को अन्धकार में ले आता है। जैसे ही हम दरवाजा खोल कर कमरे से अपना लगाव हटा लेते हैं. बाहर के प्रकाश से हमारा सम्बन्ध पुनः स्थापित हो जाता है। प्रकाश का पुनः मिल जाना न तो कोई आविष्कार है और न ही कोई खोज। यह तो केवल यही जानना मात्र है कि प्रकाश तो सदा ही विद्यमान है।

परमात्मा के साथ आत्मा का विलय पानी की दो बूंदों की तरह है जो विलय करने के बाद एक बड़ी बूँद में परिवर्तित हो जाती हैं। यह बड़ी इकाई छोटी बूंदों के गुणों, विशेषताओं और गुणधर्मों को बरकरार रखती है लेकिन अब एक इकाई के रूप में मौजूद है। यह नई बड़ी बूँद जब सागर में गिरती है तो अपने पूर्व रूप में नहीं होती है परन्तु इसके सभी अणु, परमाणु तथा गुण पूर्ववत ही रहते हैं। अब वह सागर के सभी संसाधनों का उपयोग कर

सकेगी। जब हम परमेश्वर के साथ एक हो जाते हैं, तो हमारा अस्तित्व समाप्त नहीं हो जाता है। बल्कि इससे हमारी चेतना का विस्तार होता है। हमारे द्वारा एकत्रित की गयी कई जन्मों की स्मृतियाँ, भावनाएं आदि उसी प्रकार संजोयी रहती हैं।

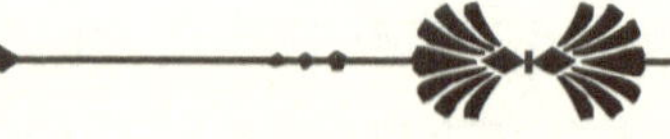

2

प्रकृति के प्रकार - गुण

॥ *प्रकृति से उत्पन्न होने वाले सत्त्व, रज और तम, ये तीनों गुण अविनाशी आत्मा को शरीर से बाँध देते हैं। ... गीता 14:5* ॥

व्यक्ति की प्रकृति के प्रकार अथवा गुणों का अर्थ है उसका व्यक्तित्व, उसकी सहज प्रकृति और मनोवैज्ञानिक विशेषताएं। प्रत्येक वस्तु तथा जीव में तीन गुण हमेशा विद्यमान रहते हैं। यह तीन गुण है सत्त्व, राजस तथा तामस। इन गुणों की परस्पर क्रिया के द्वारा ही जीव की व्यक्तिगत प्रकृति और व्यक्तिगत मान्यताएं परिभाषित होती हैं और यह भी निर्धारित होता है कि किसी परिस्थिति में उसकी

प्रतिक्रिया कैसी होगी। इनसे उसकी निर्णय लेने की क्षमता का भी पता चलेगा। सत्त्व अच्छाई, संतुलन, पवित्रता, शांति, करुणा और नैतिकता का गुण है। राजस धुन, सक्रियता, आसक्ति और अहंकार का गुण है। तामस अंधकार, अराजकता, भ्रम, जड़ता, नकारात्मकता और अज्ञानता का गुण है। यह तीनों गुण साथ ही रहते हैं और अलग अलग समय पर अलग अलग गुण की प्रधानता रहती है। इन तीनों गुणों की परस्पर क्रिया से ही मनुष्य का व्यवहार निर्धारित होता है। गुण गतिशील होते हैं और किसी एक गुण में गतिशीलता अथवा परिवर्तन अन्य दो गुणों को जड़ता की और ले जाता है।

हमारे संस्कारों से बनने वाली हमारी जो क्षमताएं और योग्यताएं हमारे गुणों पर निर्भर होती हैं, और उन पर हमारा कोई नियंत्रण नहीं होता है। यह संस्कार पूर्व जन्मों से आते है तथा वर्तमान जन्म में भी बनते रहते हैं। संस्कार केवल माता पिता से ही नहीं मिलते हैं। हम विद्यालय में, दफ्तर में, व्यापार में, मित्रों से और विरोधियों से और जीवन में हर परिस्थिति में जिनसे भी मिलते हैं वे भी हमें संस्कार देते है। हमारी ज्ञानेन्द्रियाँ इन संस्कारों को बनाने में

सहायता करती हैं और यही संस्कार परिपक्व होकर गुण बन जाते हैं। हमारे जीवन में आने वाली परिस्थतियों का निर्धारण हमारे कर्मों से होता है और हमारे व्यक्तित्व तथा प्रकृति का निर्धारण गुणों से होता है। जीवन में जो भी गति तथा विभिन्नता दिखाई देती है वह गुणों के कारण ही होती है।

सत्त्व गुण की प्रमुखता वाला व्यक्ति ऐसे लोगों की विशेष देखभाल करता है जो कि जीवन के उतार-चढ़ाव के कारण भयभीत और त्रस्त हो जाते हैं। अपने अन्तर्निहित कोमल व्यवहार एवं दूसरों के प्रति प्रेमभाव के कारण सत्त्व गुण वाले व्यक्ति में कमजोर व्यक्तियों को समझने की क्षमता और देखभाल करने की भावना होती है। सत्त्व गुणी कठोर नहीं होता है और दूसरों के लिए पीछे हटने को भी तैयार रहता है। सत्त्व गुणी सदा कर्मों में व्यस्त रहता है और कर्मफल को प्रेरणा अथवा निराशा का कारण नहीं बनने देता है। दूसरी ओर राजस गुण की प्रधानता वाले अपने अलावा किसी अन्य पर विश्वास नहीं करते हैं और इस गुण के कारण व्यक्ति दूसरों को या तो अपनी कामना पूर्ति का साधन मात्र मानता है या फिर उन्हें

अपनी कामना पूर्ति में अड़चन मानता है। राजस गुण में हावी होना, प्रभावित करना तथा दिखावा करना आवश्यक समझा जाता है और इस कारण से दूसरों के प्रति आक्रामक व्यवहार आवश्यक मान लिया जाता है। राजस में सभी प्रयास अपने गौरव और प्रशंसा के लिए होते हैं। तामस गुण हमें सोचने, परिस्थिति में ठीक से सोचने और परिस्थिति के अनुसार सही निर्णय लेने से रोकता है। तामस गुण के कारण भ्रमित तथा आलसी होने की प्रवृत्ति होती है। प्रचलित 'आधा गिलास भरा – आधा ग्लास खाली' वाली स्थिति में सत्त्व गुण ग्लास के भरे हुए भाग को देखता है और संतुष्ट रहता है, राजस गुण ग्लास के खाली भाग को देखता है और उसे भरने का पूरा प्रयास करता रहता है ताकि वह दूसरों को दिखा सके कि उसके कारण ही ग्लास भर सका। तामस को आलस्य और भ्रम के कारण शायद ग्लास ही न दिखाई दे।

प्रत्येक गुण की अपनी पहचान और विशेषताएं हैं। सत्व का तात्पर्य विद्वत्ता से है, राजस नेतृत्व और उद्यमिता के लिए जाना है और तामस की पहचान आलस्य और प्रमाद से होती है। लेकिन गुणों की

परस्पर क्रिया के कारण ये वर्गीकरण स्थिर नहीं रहते हैं। बहुत से विद्वान् हैं जो राजसिक अथवा तामसिक पाए जाते हैं। ऐसे सेवक होते हैं जो राजसिक होते हैं, यहाँ तक कि कुछ सेवक सात्विक भी होते हैं। ऐसे नेता होते हैं जो कि अपने सात्विक गुणों के कारण निखर कर आते है और तामसिक गुण वाले नेता भ्रष्ट होते है। ऐसे लोग समाज के हर समुदाय में मिलते हैं। गुण लोगों को ऐसे निर्णय लेने पर मजबूर कर देते हैं जिनके बारे में उन्होंने सोचा भी नहीं होता है। गुण सामान्यतया निष्क्रिय स्थिति में रहते हैं लेकिन सामाजिक कार्यों में वाणी, कर्मों, विचारों और एक दूसरे के साथ किये गए व्यवहार में झलक ही जाते हैं।

किसी भी व्यक्ति के बारे राय बनाने से पहले हमें उसके गुणों के बारे में अवश्य विचार करना चाहिए। बहुत जल्दी में अपनी धारणा नहीं बना लेनी चाहिए। यदि हम उसके प्रमुख गुण को सही पहचान लेंगे तो हम दूसरे को समझते हुए निर्णय ले सकेंगे। ऐसा करने से हमारा सम्बन्ध सीधे आत्मा से होगा और हमारा निर्णय अधिक विवेकपूर्ण होगा। यदि हम ऐसा नहीं करेंगे तो हम अहम् के शिकार

हो जाएंगे और हमारा निर्णय प्रभावित होगा। हमें नहीं भूलना चाहिए कि निर्णय लेते समय हमारे स्वयं के गुण भी निर्णय को प्रभावित करते हैं। अहम् के कारण हम गुणों का महत्त्व नहीं समझ पाते हैं और अपनी समस्याओं का दोष दूसरों पर मढ़ने लगते हैं।

प्रकृति में पाए जाने वाले तत्व सभी जगह एक ही मानक के होते हैं। यदि मानव शरीर की संरचना एक सी नहीं होती तो चिकित्सा विज्ञान बहुत असहाय स्थिति में होता। सभी की इन्द्रियां तथा इन्द्रियांग एक से होते हैं तथा एक ही प्रकार से कार्य करते हैं। जीवनदायक आत्मा सभी में एक सी ही है। हम श्वास लेते समय एक सी ऑक्सीजन को ग्रहण करते हैं और एक सी ही कार्बन डाइऑक्साइड को छोड़ते हैं। क्षेत्र के अनुसार खनिज पदार्थ और गैसें अपने गुण नहीं बदलते हैं। इतनी समानताएं होने के बावजूद आश्चर्य है कि हमें मनुष्यों, जानवरों, पौधों तथा अन्य जीवों में इतनी विविधता मिलती है। वास्तव में यह विविधता गुणों के कारण होती है जो यह निर्णय लेते हैं कि प्राणी का व्यवहार कैसा होगा। जो व्यक्ति गुणों और उनके प्रभाव के बीच के अंतर

को ठीक से समझता है वही स्वयं पर नियंत्रण पाने में सफल हो पाता है।

स्वाभाविक है कि सभी लोग सत्व गुण को धारण करते हुए पवित्र और शांतिपूर्ण जीवन व्यतीत करना चाहेंगे। जीवन की उथल पुथल में यह असंभव तो नहीं लेकिन कठिन अवश्य है। सचेत प्रयास से यह संभव है कि तामस गुण की प्रधानता वाला व्यक्ति सात्त्विक गुण की प्रमुखता वाली स्थिति को प्राप्त कर ले। ऐसा करने के लिए पहले उसे स्वयं के प्रमुख गुण को पहचानना होगा। तामसिक व्यक्ति को अपना आलस्य दूर करना होगा और अपने भ्रम पर विजय पानी होगी। राजसिक व्यक्ति भी कामना, अहम् और आसक्ति का त्याग करके यही स्थिति प्राप्त कर सकता है। व्यक्ति को चाहिए कि अपने अंदर की सोई हुई दैवी प्रवृत्तियों को उजागर होने दे।

शरीर से आसक्ति के कारण आत्मा शरीर द्वारा किये गए कार्यों को अपने द्वारा किया मानती है और इस प्रकार आत्मा मनुष्य की जीवन यात्रा का हिस्सा बन जाती है। आत्मा को मूक दर्शक होना चाहिए लेकिन आसक्ति के कारण वह कर्ता बन जाती है।

इस माने हुए कर्तापन के कारण आत्मा मोक्ष प्राप्त नहीं कर पाती है और उसे कर्मफल भुगतने के लिए भौतिक संसार में बार बार आना पड़ता है। इसीलिए जितने विश्वास के साथ यह कहा जाता है कि प्रत्येक जन्म लेने वाले की मृत्यु निश्चित है उतने ही विश्वास से यह कहना भी सही होगा कि जिसकी मृत्यु हुई है वह अवश्य पुनः जन्म लेगा। संस्कारों से जन्मे गुण आसक्ति की ओर ले जाते हैं और हमारे कार्य कर्म बन जाते हैं। कार्य करते समय, भौतिक संसार से व्यवहार करते हुए और कर्मफल के कारण उत्पन्न परिस्थितियों का सामना करते हुए हम नए संस्कारों को ग्रहण करते हैं। यह संस्कार गुणों को जन्म देते हैं जिनके कारण हम और कर्म करते हैं। यह चक्र चलता रहता है और केवल अथक प्रयासों से ही इससे मुक्ति मिल सकती है। हमें यह समझना होगा कि गुण ही गुणों से खेलते हैं और हमें गुणों की इस क्रीड़ा से प्रभावित नहीं होना चाहिए।

मोक्ष प्राप्ति के लिए व्यक्ति को तीनों गुणों से ऊपर उठना पड़ेगा। चाहे सभी गुणों से ऊपर उठना सरल न हो लेकिन हम इतना प्रयास अवश्य कर सकते हैं कि पूर्व कर्मों के कारण आने वाली

अनुकूल एवं प्रतिकूल परिस्थितियों से प्रभावित न हों। सम्मान और अपमान हमारे लिए समान होने चाहिए और हमें प्रशंसा से प्रसन्न और दोष लगने पर क्षुब्ध नहीं होना चाहिए। हमें सदा 'स्वयं' में स्थिर रहना चाहिए। हमें अपने आसपास की प्रत्येक वस्तु के मूल्य का ज्ञान अवश्य होना चाहिए परन्तु उनके लाभ और क्षति से प्रभावित नहीं होना चाहिए। महात्मा गाँधी ने कहा है, "जो मनुष्य तीनों गुणों से स्वयं को ऊपर उठा लेता है उस पर एक गुण की दूसरे गुण पर होने वाली प्रबलता से कोई परेशानी नहीं होती है - उसकी यह भी कामना नहीं होती कि कोई गुण अन्य गुण से प्रबल अथवा उससे कमजोर हो। तीनों गुणों से ऊपर उठने की अवस्था की केवल कल्पना की जा सकती है। कर्म करते हुए इस अवस्था तक पहुंचना असंभव सा लगता है। अतः जहां तक संभव हो सात्विक गुण की प्रधानता का ही प्रयास करते रहना चाहिए"।

प्रत्येक गुण की अलग अलग विशिष्टता होने के कारण वे आत्मा को शरीर से विभिन्न प्रकारों से बांधते हैं। सत्त्व का अर्थ सुख है। आम धारणा के विपरीत, सत्त्व गुण भी बंधनकारी हो सकता है।

सत्वगुण की प्रधानता से प्राप्त होने वाले आनंद के कारण अहम् आत्मा को बाँध देता है। राजस गुण की पहचान कामना तथा कर्म से होती है और वे दोनों ही बंधनकारी हैं। रजोगुण के कारण कामना और आसक्ति में वृद्धि होती है तथा कामना और आसक्ति में वृद्धि के कारण रजोगुण में वृद्धि होती है। जब तक यह श्रंखला टूटती नहीं है तब तक सम्बन्ध लगातार बना ही रहता है। अज्ञान, भ्रम और अविवेक से युक्त होने के कारण तामस स्वयं ही बंधनकारी है।

भौतिक संसार में रजोगुण सर्वाधिक व्याप्त है। सभी गैर-आध्यात्मिक सामाजिक, आर्थिक, राजनैतिक तथा धार्मिक कार्य रजोगुण के अधिकार क्षेत्र में आते हैं। आम आदमी के जीवन के सभी संघर्ष स्वार्थ, आक्रामकता और लोभ आदि राजसिक प्रवृत्तियों से प्रेरित होते हैं। राजसिक लोग देखने में समर्थ प्रतीत होते हैं लेकिन उनकी असली प्रेरणा सदा अपने और अपने निकट सम्बन्धियों के लाभ को सुनिश्चित करने की होती है। संसार में वे अपने धन और शक्ति का प्रदर्शन करके मात्र दिखावा करते हैं। आवश्यक नहीं है कि उनके

पास अधिक सम्पति हो लेकिन वे उसका आडम्बर अवश्य करते हैं। उन्हें हानि का डर सदैव सताता रहता है। पाखंड, मोह, कामना से प्रेरित भक्ति, ये सब भी राजसिक के व्यवहार क्षेत्र में आते हैं। राजसिक व्यक्ति समाज में प्रचलित प्रथाओं का पालन आध्यात्मिक लाभ के लिए नहीं बल्कि अपनी संपत्ति की रक्षा तथा उसमें निरंतर वृद्धि की कामना के लिए करते हैं। राजसिक लोग केवल दिखावे के लिए दान आदि करते हैं और इस पर तनिक भी विचार नहीं करते हैं कि उस दान का उपयोग किस प्रकार किया जा रहा है। यह अत्यंत महत्वपूर्ण है कि राजस गुण को हटा कर सत्त्व गुण को प्रधान गुण बनाया जाये क्योंकि यदि राजसिक तृष्णा का अंत नहीं किया गया तो मनुष्य तामसिक कार्यों में लगने से भी नहीं कतराएगा।

जिन विचारों को हम जीवन में धारण करते हैं वे निर्धारित करते हैं कि हम इस शरीर को छोड़ने के पश्चात कैसे संस्कारों को अपने साथ लेकर जायेंगे। पूर्व जन्म में प्रधान रहा गुण इस जीवन में भी मुख्य रहता है। मृत्यु के समय का प्रमुख गुण अगले जन्म के जीवन में अवश्य प्रभाव डालता है। गीता

के अनुसार यदि मनुष्य की मृत्यु के समय सत्त्व गुण प्रधान रहता है तो वह अगले जन्म में पवित्र वातावरण में जन्म लेता है। यदि किसी मनुष्य का आचरण उत्तम रहा है तथा वह उत्तम कार्य करता रहा है लेकिन मृत्यु के समय उसका रजोगुण प्रधान है तो अगले जन्म में वह उत्तम आचरण वाले, अच्छे विचारों वाले तथा अच्छे कर्म करने वाले मनुष्य के रूप में जन्म लेगा। अंत समय में अज्ञान अथवा तामस गुण की प्रधानता होने से मनुष्य को भ्रमित परिवार अथवा योनि में जन्म लेना होगा जो कि पशु, पक्षी, कीट, पतंगे, वृक्ष और लताएं आदि भी हो सकते हैं। यदि कोई व्यक्ति अच्छे कर्म करता है लेकिन अंत समय में उसमें तामस गुण की प्रधानता रहती है तो भ्रमित परिवार में जन्म लेने के बावजूद उसके अंदर अच्छे गुण, अच्छी प्रकृति तथा अच्छा व्यवहार विद्यमान रहते हैं।

सात्त्विक, राजस तथा तामस व्यक्तियों के कर्म भी सात्त्विक, राजस तथा तामसिक होते है क्योंकि कर्ता के गुण उसके कर्मों में झलकते हैं। प्रमुख गुण को बदलने के लिए मन को अनुशासित करना कठिन है लेकिन अभ्यास से अपने कर्मों में

परिवर्तन ला कर व्यक्ति अलग प्रमुख गुण वाला कर्ता बन सकता है। मन को अनुशासित करने से सरल है अपने कर्मों तथा बाहरी गतिविधियों को बदल पाना। नेक कार्य करते रहने से वह शीघ्र ही आदत बन जाते हैं और इस बाहरी अनुशासन से मन को अनुशासित करना भी आसान हो जाता है।

3

आसक्ति, निर्लिप्तता तथा द्वेष

॥ आसक्ति मिथ्या धारणाओं को गढ़ती है। केवल अनासक्त ही वास्तविकता को प्राप्त कर सकता है ...... सिमोन वील ॥

इन्द्रियों के विषय वस्तुओं पर लगातार ध्यान होने के कारण मनुष्य की उनमें आसक्ति हो जाती है। इस आसक्ति के कारण वह इन विषय वस्तुओं का शारीरिक तथा मानसिक रूप से आनंद लेना आरम्भ कर देता है। इस आनंद के कारण उसकी आसक्ति और बढ़ जाती है। इस आसक्ति से कामनाओं का जन्म होता है। एक कामना पूरी हो

जाने पर मनुष्य और की कामना करने लगता है। और अधिक पाने की इस कामना को 'लालच' कहते हैं। अधिक लालच को 'तृष्णा' कहते हैं। लालच की पूर्ति में विघ्न डालने वाला व्यक्ति यदि स्वयं से अधिक शक्तिशाली है तो भय उत्पन्न होता है, और यदि वह कमजोर है तो क्रोध उत्पन्न होता है। क्रोध से भ्रम पैदा होता है। भ्रम के कारण मनुष्य विश्वास करने लगता है कि जीवन में अहम् बहुत महत्वपूर्ण है। आसक्ति तथा कामनाओं के कारण भी भ्रम पैदा हो सकता है। कामनाओं से जन्मे भ्रम के कारण हम भविष्य के लिए अनुकूल परिस्थितियों तथा वस्तुओं की कामना करने लगते हैं। इसके लिए मनुष्य गलत कार्य करने से भी नहीं हिचकिचाता है। वह सही और गलत के बीच का अंतर भूल जाता है तथा बेईमानी और धोखेबाजी का रास्ता अपनाने से भी नहीं झिझकता है। कामना, लालच तथा आसक्ति के कारण मनुष्य स्वार्थी हो जाता है तथा क्रोध में दूसरों को हानि पहुँचाने से भी पीछे नहीं हटता। इन सब हानिकारक पहलुओं और विचारों से बचने के लिए हमें पहले आसक्ति, लालच और कामनाओं का त्याग करना होगा। आसक्ति का त्याग करने से शेष सभी बुराइयां स्वयं ही दूर हो जाएंगी।

अधिकांश लोग इन्द्रियों के गुलाम होते हैं तथा इन्द्रियां ही उनके जीवन को नियंत्रित करती हैं। उनकी इन्द्रियां बिना किसी नियंत्रण के निर्बाध रूप से कार्य करती हैं। साधक को अपनी इन्द्रियों पर इच्छानुसार नियंत्रण करना आना चाहिए। जिस प्रकार कछुआ स्वयं को खतरे से बचाने के लिए अपने छः अंगों, अर्थात चारों टांगें, सिर तथा पूंछ को समेट लेता है ठीक उसी प्रकार आसक्ति तथा घृणा के भावों का आभास होते ही अपनी पांचों इन्द्रियों तथा मन को समेट लेना चाहिए। इस प्रकार वह कामनाओं तथा क्रोध से बच कर स्वयं को सुरक्षित कर सकता है।

आसक्ति तथा अलगाव का एक उदाहरण 'द स्पीकिंग ट्री' में छपी एक कथा में मिलता है। एक गुरुजी अपने शिष्य के साथ समुद्र के किनारे पैदल चल रहे थे। दोनों सन्यासी थे। अचानक उन्होंने देखा कि एक सुन्दर महिला डूब रही है और सहायता के लिए चिल्ला रही है। खतरा भांपते हुए गुरूजी अपना कमंडल जमीन पर गिराकर उस महिला की सहायता के लिए भागे, उसे उठाया और उसे किनारे पर सुरक्षित ले आये। कुछ समय के पश्चात

उस महिला को होश आ गया। तत्पश्चात गुरूजी अपने शिष्य के साथ अपने रास्ते पर आगे बढ़ गए। वे काफी दूर तक चुपचाप चलते रहे। तभी शिष्य ने पूछा, "गुरूजी, हम सन्यास तथा विरक्ति के कठिन नियमों का पालन करते हैं लेकिन आपने उस महिला को बचाते हुए उसे छुआ जबकि हमें किसी स्त्री के पास जाना भी वर्जित है"। गुरूजी ने उत्तर दिया, "मैंने उस महिला को पानी से निकाला, उसे बचाया और उसके बाद मैं उसे भूल भी गया। तुमने न तो उसे छुआ, न ही उसे बचाया, लेकिन इतने घंटों के बाद भी तुम्हारे मन से यह नहीं निकला कि उसे बचाने के लिए मैंने उसे छुआ था"। अब आप ही बताइये कि किसमें आसक्ति है और किसमें विरक्ति।

यह जानते हुए भी कि एक दिन सब कुछ यहीं छोड़ कर इस दुनिया से चले जाना है, व्यक्ति सांसारिक वस्तुओं से अपनी आसक्ति का त्याग नहीं करता है। भूल जाता है कि न तो वह कुछ लेकर आया था और न ही कुछ लेकर जा पायेगा। कुरुक्षेत्र के भयानक युद्ध के पश्चात धृतराष्ट्र के मन के प्रश्न उठा कि जीवन का उद्देश्य क्या है। उस

समय विदुर ने उस व्यक्ति की कथा सुनाई जो कि जंगल में जानवरों से बचकर भागते हुए एक गहरे गड्ढे में गिर जाता है। कुछ लताओं ने उसे रोक लिया लेकिन लताओं से लटकते हुए उसने देखा कि नीचे एक बड़ा सांप उसकी प्रतीक्षा कर रहा है। ऊपर गड्ढे के बाहर खतरनाक जानवर घूम रहे थे। जिन लताओं को पकड़ कर वह लटका था उसे सफ़ेद और काले चूहे कुतर रहे थे। गड्ढे के अंदर एक मधुमक्खियों का छत्ता था जिसकी मक्खिया उसे डस रही थीं लेकिन उस छत्ते से शहद की बूँदें भी गिर रही थीं। वह व्यक्ति ऊँगली से उस मीठे शहद का स्वाद चख रहा था। चारों ओर से निश्चित मृत्यु घिरे होते हुए भी वह व्यक्ति मीठे शहद को चखकर और अधिक शहद प्राप्त करने का प्रयास करता रहता है। विदुर की व्याख्या के अनुसार जंगल खतरों से भरी हमारी दुनिया है, सांप वह समय है जो हमारी प्रतीक्षा कर रहा है। सफ़ेद और काले चूहे वो दिन और रात है जो जीवन की लताओं को लगातार कुतर रहे हैं। शहद जीवन में प्राप्त होने वाले आमोद प्रमोद हैं। जीने की प्रबल इच्छा तथा जीवन से प्राप्त होने वाले आनंद के कारण हम मृत्यु की निश्चितता होते हुए भी लता से लटके रहते हैं।

जब हम किसी विषय वस्तु में आसक्ति या उससे द्वेष करने लगते हैं, तो हम उस विषय वस्तु को इसके लिए जिम्मेदार ठहराते हैं। लेकिन, वास्तव में, आसक्ति और द्वेष भाव विषय वस्तुओं में नहीं होते हैं। विषय वस्तुएं स्वयं से दुख या आनंद देने में असमर्थ होती हैं। यदि ऐसा न होता, तो एक ही वस्तु सभी के लिए समान रूप से वांछनीय या अवांछनीय होनी चाहिए थी। लेकिन ऐसा होता नहीं है। बारिश एक किसान के लिए वांछनीय है, लेकिन एक कुम्हार के लिए ऐसा नहीं है। इसके अलावा, एक ही चीज़ व्यक्ति के लिए एक समय पर सुखद होती है जबकि उसी व्यक्ति के लिए अन्य समय में अप्रिय हो सकती है है। गर्मियों में ठंडी हवा सुखद होती है लेकिन सर्दियों में अप्रिय होती है। हर इन्द्रिय का एक सुखद आकर्षण होता है तथा एक अप्रिय पहलू होता है। जब विषय वस्तुओं के कारण उठने वाले भाव मन तक पहुँचते हैं तो कुछ प्रकार के भावों को अच्छे और कुछ को बुरे के रूप में मानने के कारण मन अशांत हो जाता है । इसके बाद, अच्छे लगने वाले भावों पर मन आसक्त हो जाता है तथा इसके विपरीत वाले भावों से घृणा करने लगता है। आसक्ति और द्वेष बुद्धि को भी

प्रभावित करने लगते हैं जिसके कारण स्वयं की मान्यताएं अच्छी लगती हैं और दूसरों की मान्यताएं बुरी लगती हैं। वास्तव में आसक्ति और द्वेष न जड़ में होते हैं और न ही चेतन में। ये केवल जड़ और चेतन के बीच माने हुए संबंध में निवास करते हैं। सांसारिक वस्तुओं की ओर आकर्षण ही आसक्ति है। आसक्ति तथा द्वेष से किया गया हर कार्य इन दोनों को और मजबूत बनाता है।

आसक्ति अथवा राग को तीन वर्गों में बांटा जा सकता है। ऐसी आसक्ति जिसमें स्वार्थ न छिपा हो, जैसे कि बालक के लिए माता का प्रेम, सात्त्विक आसक्ति अथवा मोह कहा जा सकता है। लेकिन इस मोह की पवित्रता तब समाप्त हो जाती है जब किसी भी कीमत पर बालक के लिए सब कुछ प्राप्त करने की लालसा जाग जाती है अथवा बालक से भविष्य में अपने लिए अपेक्षाएं इस मोह का कारण बन जाती है। पहली स्थिति में स्वार्थ झलकता है तथा दूसरी स्थिति एक व्यापारिक लेन -देन की भांति लगती है। किसी भी विषय-वस्तु से स्वार्थ के लिए की गई आसक्ति राजसिक कहलाती है। ऐसी आसक्ति किसी अन्य व्यक्ति के लिए हानिकारक

नहीं होती है जब तक वह व्यक्ति आसक्ति से सम्बंधित कामनाओं की पूर्ति में बाधा नहीं उत्पन्न करता है। एक दृढ़निश्चई राजसिक व्यक्ति अपनी आसक्ति सम्बंधित इच्छाओं को पूरा करने के लिए किसी भी हद तक जा सकता है। स्वयं के लिए प्रतिकूल परिस्थितियां न आएं इसके लिए भी वह सारे प्रयास करता है। इन्द्रियों से सम्बंधित कामनाओं की पूर्ति को राजसिक व्यक्ति स्वर्गिक सुख के सामान मानता है जबकि इससे केवल क्षणिक प्रसन्नता का आभास ही होता है। अधिकांश राजसिक व्यक्ति आध्यात्मिक प्रवचनों को बड़े ध्यान से सुनते हैं परन्तु सांसारिक आनंद में लिपटे होने के कारण उनको स्वयं के लिए अपनाना भूल जाते हैं। तामसिक आसक्ति वाला व्यक्ति प्रेमान्धता, लोभ तथा किसी भी कीमत पर कुछ भी प्राप्त करने की इच्छा रखने वाला होता है।

साधक को सभी कर्म सम बुद्धि से करने चाहियें तथा सफलता और असफलता की चिंता नहीं करनी चाहिए। कार्य की सिद्धि के लिए पूरा प्रयास करें परन्तु परिणाम के बारे में अधिक चिंता नहीं करनी चाहिए। यदि हम मन की समानता पाने के लिए

लगातार अभ्यास करते हैं, तो हमें जल्द ही समभाव तथा निर्लिप्तता का अनुभव हो जायेगा। हमें समझना होगा कि संसार की कोई भी वस्तु हमारी अपनी नहीं है। धरती तो केवल एक समृद्ध अतिथि गृह की भांति है। प्रकृति हमारी सभी आवश्यकताओं को पूरा करती है। सभी कार्य अन्य लोगों के योगदान से ही संभव होते हैं तथा इसके लिए धरती पर पहले से ही उपलब्ध संसाधनों का उपयोग होता है। हमें केवल प्रयास तथा मेहनत करने का अधिकार है। सांसारिक वस्तुओं पर इंसानों का अधिकार केवल एक धारणा है और उससे किसी भी प्रकार की आसक्ति हानिकारक है। यदि किसी प्रकार की आसक्ति हो भी जाये तो हमें उस आसक्ति को क्षण भर में त्यागने के लिए हमेशा तैयार रहना चाहिए। आसक्ति केवल बाहर से दिखने के लिए हो सकती है मगर अंदर से साधक को विरक्त होना चाहिए - अर्थात विरक्ति युक्त आसक्ति।

आकर्षण और विकर्षण के कई कारण हो सकते हैं। पौधे और जानवर भोजन की ओर आकर्षित होते हैं और हर खतरे के लिए चौकन्ने होते है। इंसान संपत्ति के पीछे भागता है क्योंकि उसके कारण उसे

समाज में सम्मान मिलता है। उसे विश्वास हो जाता है कि उसका सामाजिक स्तर ही उसकी पहचान है। वास्तव में मनुष्य के दुःख का मुख्य कारण है वस्तुओं तथा लोगों को दो श्रेणियों में बाँट लेना - यह मेरा है और वह मेरा नहीं है, यह मेरी जाति का है और वह मेरी जाति का नहीं है, यह मेरा अनुयायी है और वह मेरा अनुयायी नहीं है, आदि। इसी कारण से दुःख, चिंता, भय, तनाव आदि भाव उत्पन्न होते हैं।

जब हम सोते हैं तो हम बाहरी वस्तुओं को भूल जाते हैं। सोने से हम तरोताज़ा, ऊर्जावान तथा स्वस्थ अनुभव करते हैं, जो कि जाग्रत अवस्था में संभव नहीं है। वस्तुओं से मानसिक सम्बन्ध टूट जाने के कारण ही नई ऊर्जा प्राप्त होना संभव है। वस्तुओं से केवल दूरी बना लेने से अलगाव संभव नहीं होता है। बहुत से लोग अपने कर्तव्य और सामाजिक जिम्मेदारियां त्याग कर जंगलों और पहाड़ो के एकांत में चले जाते हैं। वे सोचते हैं कि ऐसा करने से उन्हें पूर्ण निर्लिप्तता की प्राप्ति हो जायेगी। भौतिक रूप से मकान, संपत्ति आदि के त्याग का कोई अर्थ नहीं है यदि व्यक्ति उनके महत्त्व को मन से नहीं

निकालता है या वह यह गर्व करता रहता है कि मैं बड़ा त्यागी हूँ। इसका यही अर्थ है कि आसक्ति समाप्त नहीं हुई है। मन के अंदर की उथल पुथल शांति की प्राप्ति नहीं होने देती है। अशांति विषय वस्तुओं के होने अथवा न होने पर निर्भर नहीं होती है। निर्लिप्तता तब तक पूर्ण नहीं हो सकती है जब तक मन में पसन्द की वस्तुओं को पाने की कामना और नापसंद वस्तुओं से छुटकारा पाने की इच्छा बनी रहेगी।

मन को किसी न किसी विचार से जुड़ना ही होता है। मन पर यदि नियंत्रण नहीं किया जाये तो वह इन्द्रियों द्वारा भेजे गए प्रत्येक सन्देश पर प्रतिक्रिया देने का प्रयास करता है। पसंद और नापसंद का निर्धारण इन्द्रियां नहीं करती हैं। इस जीवन तथा पूर्वजन्मों में एकत्रित संस्कारों के आधार पर इसका निर्धारण मन करता है। मन अपनी आसक्ति तथा द्वेष तथा पसंद-नापसंद के आधार पर इन्द्रियांगों को कार्य करने का आदेश देता है। विरक्ति की ओर साधक की यात्रा में मन का बहुत महत्त्व है। कर्म करने में मन महत्वपूर्ण है। इसलिए हमें मन को कमल के पत्ते की तरह

व्यवहार करने का अभ्यास कराना चाहिए। कमल का पत्ता पानी में रहता है, पानी से ही पोषित होता है लेकिन उस पानी से स्वयं कभी गीला नहीं होता है। बीमार व्यक्ति बीमारी के कारण स्वाद का आनंद नहीं ले पाता है लेकिन स्वादिष्ट पदार्थों का आनद लेने की उसकी इच्छा कम नहीं होती है। बीमारी की अवस्था में हो सकता है कि उसे कोई भी चीज़ स्वादिष्ट न लगे लेकिन वह लगातार आशा करता है कि कुशल होते ही हर पदार्थ का आनंद लेगा। संयम से शरीर पर तो नियंत्रण किया जा सकता है परन्तु मन फिर भी भटक जाता है। महात्मा गाँधी ने आसक्ति और कामनाओं पर नियंत्रण के लिए व्रत का रास्ता बताया है, " शास्त्रों के अनुसार यदि मनुष्य का अपनी भूख पर नियंत्रण न हो तो उसे व्रत का सहारा लेना चाहिए। उसके लिए व्रत का सहारा लेना ही उत्तम है। व्रत से भूख पर तो नियंत्रण आ जाता है लेकिन विषय वस्तुओं में आनंद का भाव फिर भी रहता है। व्रत के कारण अशुद्ध इच्छाएं तो कम हो जाती है लकिन व्यक्ति व्रत के समाप्त होने का बेसब्री से इंतज़ार करता है। जब तक इच्छाएं समाप्त नहीं होंगी, व्रत सफल नहीं होगा"। वास्तव

में महात्मा गाँधी द्वारा सुझाया व्रत केवल भोजन तक ही सीमित नहीं है। व्रत का उपयोग हर उस लालसा के लिए किया जा सकता जिस पर हम आसक्त तथा निर्भर हो गए हैं।

4

बुद्धि

॥ मन को संतुलित रखने तथा उसकी चंचलता को नियंत्रित करने की योग्यता को बुद्धि कहते हैं.... ॥

बुद्धि, मन का तर्कसंगत पक्ष है। यह बाहर से आने वाले उस ज्ञान तथा उन तर्कसंगत मानसिक प्रक्रियाओं से सम्बंधित है जो बाहर से मिलने वाली सूचनाओं पर आधारित है। इन्द्रिय अंगों से आने वाली सभी धारणाएं अपरिष्कृत रूप में होती हैं। इन्द्रिय अंगों द्वारा भेजी गयी इन सूचनाओं के आधार पर कोई क्रिया आरम्भ करने से पहले इनका सही विश्लेषण होना आवश्यक है। अतः इन्द्रिय अंगों

द्वारा इन्हें पहले मन को भेजा जाता है जो कि इन्हें आगे जांच के लिए बुद्धि को भेज देता है। बुद्धि पूर्व संग्रहित संस्कारों तथा यादों के आधार पर तर्क संगत निर्णय लेती है और मन को सूचित कर देती है। इसके आधार पर मन इन्द्रिय अंगों को आदेश देता है और इन्द्रिय अंग उसे क्रिया में परिवर्तित कर देते हैं। प्रत्येक ऐसा लेन देन मन-बुद्धि उपकरण पर एक नया संस्कार तथा एक नयी स्मृति छोड़ जाता है जिनका उपयोग भविष्य में निर्णय लेने में किया जाता है। अधिकतम क्षमता के लिए इन्द्रिय अंगों, मन तथा बुद्धि के बीच सही ताल मेल आवश्यक है।

गीता बुद्धि के विकास को बहुत महत्त्व देती है। मन बहुत चपल है तथा एक क्षण में भटका देता है। मन पर नियंत्रण तथा मन के द्वारा सही निर्णय लेने के लिए बुद्धि बहुत महत्वपूर्ण है। अधिकांश लोग बुद्धि के महत्त्व तथा उसे मजबूत करने की आवश्यकता को नहीं समझते हैं। अतः वे कमज़ोर बुद्धि से निर्णय लेते हैं। मन भावनाओं, आवेग और पसंद - नापसंद का स्थान है। बुद्धि उचित-अनुचित का विचार करते हुए सब कुछ तोलते हुए निर्णय लेती है। मन अविवेकी है तथा बुद्धि विवेक से युक्त

है। लक्ष्य यह होना चाहिए कि मन हमारे भले के लिए काम करे न कि हमें गलत राह पर ले जाए। ऐसा मन जो कि बुद्धि द्वारा नियंत्रित नहीं है, बहुत हानिकारक है क्योंकि ऐसा मन भटकायेगा, धोखा देगा और गुमराह करेगा।

समझ चार स्तरों पर होती है - भौतिक, मानसिक, बौद्धिक तथा आध्यात्मिक। इन चारों स्तरों पर एक ही वस्तु को अलग अलग रूपों में आँका जाता है। जब हम किसी व्यक्ति को भौतिक रूप से देखते हैं तो मानसिक रूप से हम उसे कोई सम्बन्धी, मित्र अथवा विरोधी कहते हैं। बौद्धिक स्तर पर हम उसे केवल एक हाड़-मांस का पुतला मानते हैं जो कि पांच तत्वों अर्थात जल, वायु, अग्नि, पृथ्वी तथा आकाश द्वारा निर्मित है तथा निरंतर बदलता रहता है। आध्यात्मिक स्तर पर हम उसे एक शरीर कहेंगे जो कि आत्मा का अस्थाई निवास स्थान है। बौद्धिक तथा आध्यात्मिक स्तर पर जीवन जीने से हमें विरक्त होने में आसानी होगी।

गीता के अट्ठारहवें अध्याय में तीन प्रकार की बुद्धि का वर्णन है। कर्म पथ तथा त्याग को जानने वाली बुद्धि सात्त्विक कहलाती है। यदि मनुष्य के

मन में कामना जाग्रत हो जाती है तो इच्छित वस्तु प्राप्त हो या न हो, मनुष्य उसके बंधन में बंध ही जाता है। लेकिन यदि वह कामना पर विजय पा ले तो वस्तु मिलती है अथवा नहीं, दोनों स्थिति में वह मुक्त है। अतः वही बुद्धि सात्विक कहलाएगी जो कर्म और त्याग को जानती है तथा क्या करना उचित है तथा क्या करना नहीं, इसका अंतर समझती है। दूसरी ओर राजसिक बुद्धि को धर्म और अधर्म का गलत रूप से ज्ञान होता है। आसक्ति की प्रधानता के कारण राजसिक बुद्धि में हानिकारक प्रवृत्तियां होती हैं जैसे कि स्वार्थ, पक्षपात, अधैर्य आदि। इस कारण से वह मनुष्य से इसी प्रकार के कर्म करवाती है और वह बंधनमुक्त नहीं हो पाता है। तामसिक बुद्धि गलत को सही समझती है, जिसके कारण वह सदा अन्धकार से घिरी रहती है। तामसिक बुद्धि सांसारिक आनंद को वास्तविक आनंद मानकर उसके पीछे भागती है तथा व्यसनों को सद्गुण मानती है।

सांसारिक वस्तुओं में आनंद लेने वाले व्यक्तियों की बुद्धि अविवेकी तथा समभाव वाले व्यक्तियों की बुद्धि विवेकशील होती है। विवेकशील बुद्धि

दृढ़विश्वास वाली तथा स्थिर होती है। जब व्यक्ति मन में उठनेवाली हर कामना का त्याग कर देता है और 'स्वयं' में ही संतुष्ट रहता है तो उसे स्थिर बुद्धि वाला कहा जाता है। अविवेकी बुद्धि के सन्दर्भ में महात्मा गाँधी ने कहा है, " ऐसे लोग हमें दलदल में धकेलते हैं जो असीमित इच्छाओं से भरे हैं, जो हमेशा स्वर्ग के विषय में ही विचार करते रहते हैं, जो लोगों को आनंद और महानता का लालच दिखाकर उन्हें अनेक कृत्यों में उलझा देते हैं, जो हमें असहाय करने के लिए अनेक देवी देवताओं को प्रसन्न करने में लगा देते हैं और ऐसा करके हमें सर्वशक्तिमान भगवान् से दूर कर देते हैं "।

आसक्ति के कारण आत्मा यह समझने लगती है कि उत्पन्न होने वाली विविध तथा अनेक कामनाएं उसकी हैं, जबकि यह सत्य नहीं है। आत्मा के इस विश्वास के कारण बुद्धि स्थिर नहीं रह पाती है। इच्छामुक्त व्यक्ति की बुद्धि स्वयं ही स्थिर रहती है। अक्सर लोग मन को शांत तथा स्थिर करने के लिए बहुत अभ्यास करते हैं। परन्तु गीता मन की स्थिरता से अधिक बुद्धि की स्थिरता को अधिक महत्त्व देती है। मन यदि स्थिर हो गया तो साहसिक कार्य,

जिज्ञासा, अन्वेषण आदि पर विराम लग जायेगा तथा इससे मनुष्य के क्रमिक विकास की संभावनाएं कम हो जाएँगी। मन के स्थिर हो जाने से बाहर की सभी क्रियाओं पर प्रभाव पड़ेगा। स्थिर मन तथा अनियंत्रित मन, दोनों ही हानिकारक हैं। मन को शांत तथा नियंत्रण में रहना चाहिए। उत्तम विकास के लिए स्थिर बुद्धि द्वारा नियंत्रित, शांत एवं सक्रिय मन ही उचित हैं। अतः हमें बुद्धि को ही स्थिर करने की आवश्यकता है। धैर्यवान तथा समबुद्धि वाला व्यक्ति हमेशा स्थिर रहता है और किसी भंवर में नहीं फंसता है। एक स्थिर बुद्धि वाला व्यक्ति बाहर से सब से जुड़ा हुआ दिख सकता है लेकिन अंदर से वह पूर्णतया असम्बद्ध होता है। यह आवश्यक नहीं है कि यदि मनुष्य अपनी इन्द्रियों को आनंद के विषयों से दूर कर ले तो वह स्थिर बुद्धि वाला हो जायेगा, परन्तु यदि मनुष्य स्थिर बुद्धि को प्राप्त कर ले तो उसकी इन्द्रियां स्वतः ही उसके नियंत्रण में होंगी।

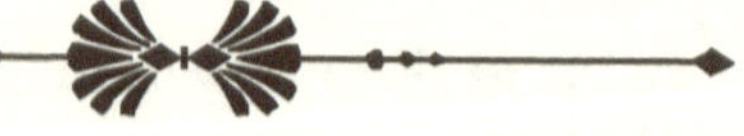

5

कर्म एवं कर्ता

|| सभी कार्य प्रकृति द्वारा किये जाते हैं। अहम् से भ्रमित व्यक्ति ही सोच सकता है, " मैं कर्ता हूँ " .... गीता 3:27 ||

अक्सर यह माना जाता है कि किसी भी कार्य के लिए शरीर की हरकत आवश्यक है। हम केवल चलना, उठना, सीढ़ी चढ़ना, खाना बनाना आदि को ही क्रियाएं मानते हैं। जब हम इनमें से कुछ नहीं कर रहे होते हैं तो हम कहते हैं कि कोई कार्य नहीं हो रहा है। अर्थात हम यदि खाली बैठे हैं तो कहते हैं कि हम कुछ नहीं कर रहे हैं। सूक्ष्म तथा कारण शरीर की क्रियाओं को भी कार्य में शामिल करना

होगा। यह सत्य है कि जब हम गहरी सोच में डूबे होते हैं तो हम अक्सर शरीर की कोई दिखाई देने वाली क्रिया नहीं कर रहे होते हैं। किन्तु शरीर की निष्क्रियता में अंदर बहुत सी क्रियाएं चल रही होती हैं। हम कर्मेन्द्रियों की क्रियाएं देख पाते हैं क्योंकि उन्हें बोध-इन्द्रियों से सूचनाएं मिलती हैं। इन बोध-इन्द्रियों का नियंत्रण मन और बुद्धि के पास होता है जिनकी क्रियाएं दिखाई नहीं देती हैं। शरीर के कार्य में स्थूल शरीर, सूक्ष्म शरीर तथा कारण शरीर, सभी के कार्य शामिल हैं। अतः हम हर समय कार्य करते रहते हैं चाहे वह कार्य दिखाई दे या न दे। प्रकृति सदा कार्यरत है और प्रकृति का ही भाग होने के कारण शरीर भी हमेशा कार्यरत रहता है। यह कहना मिथ्या है कि यदि हम समाज से दूर एकांत में चले जाएं तो न तो कोई कर्म होगा और न ही कोई कर्मफल। केवल समाज से दूर जाने से कर्मों से मुक्ति नहीं हो सकती है। जब तक शरीर जीवित है कोई न कोई क्रिया चलती ही रहेगी जैसे कि सांस लेना, भोजन का पचना आदि, तथा मन और बुद्धि के कार्य।

सभी कर्म भय के कारण किये जाते है। भय कई प्रकार का होता है। भय अस्तित्व, प्रतिष्ठा, प्रतिस्पर्धा आदि का हो सकता है। कुछ भय वास्तविक हो सकते हैं लेकिन अधिकांश भय काल्पनिक होते हैं। आज की भूख मिटने के बाद मनुष्य भविष्य के लिए जमा करने का प्रयास करता है, इस भय से कि कहीं खाद्य सामग्री समाप्त न हो जाए। मरने के भय से मनुष्य अनेक औषधियां लेता रहता है। लोग उसे मरने के बाद भी याद करें, इसलिए मनुष्य अपनी विरासत तैयार करने में व्यस्त रहता है। इन सब के लिए वह कुछ भी करने के लिए तत्पर रहता है। आत्मा को न तो नष्ट किया जा सकता है और न ही उसे कोई हानि पहुंचाई जा सकती है और उसे अस्तित्व की रक्षा के लिए कुछ भी करने की आवश्यकता नहीं है। लेकिन शरीर तथा भौतिक संसार के साथ आसक्ति के कारण वह कर्म में लिप्त रहना चाहती है। आत्मा के अमर होते हुए भी वह भयभीत हो जाती है और मन के द्वारा नए नए कर्म करने के लिए विवश करती है। एक कर्म दूसरे कर्म की ओर ले जाता है और कर्म की श्रृंखला इस प्रकार चलती रहती है। प्रत्येक कर्म कर्मफल देता है। यदि एक कर्म से वांछित परिणाम नहीं मिलता

है तो व्यक्ति उसके लिए दूसरे कर्म में लग जाता है ताकि अपने भय पर विजय पा सके। जीवन की अनिश्चितताएं इस भय को और बढ़ाती हैं और मनुष्य उन सब चीज़ों को नियंत्रित करने का प्रयास करता है जिन पर उसका कोई नियंत्रण ही नहीं होता है। अपने सारे भय मनुष्य अपनी अगली पीढ़ी को भी देता है, जो उसे अपनी अगली पीढ़ी को देते हैं और यह सिलसिला इसी प्रकार से चलता रहता है।

मनुष्य के पास विवेक तथा कल्पना की शक्ति है, जो कि अन्य जीवों में नहीं होती है। विवेक का उचित उपयोग करने से हम पथ से भटकते नहीं हैं, हमारा जीवन उद्देश्यपूर्ण रहता है और हमें हमारे प्रत्येक प्रयास में सफलता मिलती है। भय से उत्पन्न कल्पना हमें व्यर्थ कार्यों में लगाती है। इससे और अधिक भय तथा तनाव उत्पन्न होता है। हम अपने लिए ऐसे लक्ष्यों का निर्धारण करने लग जाते हैं जो न तो वास्तविक होते हैं और न ही व्यावहारिक। यदि हम अपने लिए उत्तम वस्तुओं की कल्पना करते हैं तो हम उनकी प्राप्ति के लिए अपने प्रयास सुदृढ़ करने में लग जाते हैं और यदि हमें दुर्भाग्यशाली घटना की आशंका होती है तो हम उससे बचने के

लिए कदम उठाने लगते हैं। कोई नहीं जानता है कि कर्मफल किस रूप में तथा कब प्राप्त होंगे। हम कल्पना में लग जाते हैं और नए कार्य करने लगते हैं। इससे अकारण हमारे बंधन और भी दृढ़ हो जाते हैं।

कार्य करने के उद्देश्य के अनुसार कर्मों को तीन भागों में बांटा जा सकता है - क्रिया, कर्म और अकर्म। आरम्भ में प्रत्येक कर्म एक क्रिया मात्र होता है। फल की कामना से की गयी प्रत्येक क्रिया एक कर्म कहलाती है। बिना आसक्ति के दूसरों के लिए की गयी क्रिया अकर्म, अर्थात फल न देने वाली, हो जाती है। किसी भी काम का त्याग कर देना अकर्म नहीं होता है। जब किसी में यह अहंवादी विचार आता है कि वही कार्य का कर्ता है तो उसका कार्य कर्म हो जाता है जो कि समयानुसार कर्मफल देगा। मगर जैसे ही व्यक्ति का कर्तापन समाप्त हो जाता है, उसका कर्म क्रिया में परिवर्तित हो जाता है और उसका कर्मफल नहीं होता है। जब मनुष्य की कामना जागृत होती है तो वह कर्म करने लगता है और जब कामना बहुत बढ़ जाती है तो मनुष्य वर्जित कार्य करने को भी तैयार हो जाता है।

प्रतिकूल परिणाम की आशंका से मनुष्य को कार्य करना बंद नहीं कर देना चाहिए। परिणाम तथा कर्मफल हमारे हाथ में नहीं हैं। अपने कार्यों पर तो हमारा नियंत्रण हो सकता है लकिन दूसरों के कार्यों पर हम कोई नियंत्रण नहीं कर सकते हैं। परोक्ष अथवा अपरोक्ष रूप से दूसरों के कार्य हमारे कार्य के परिणाम पर प्रभाव डालते हैं। अपने जीवनकाल में मनुष्य अनेक कार्य करता है जिनमें से अधिकाँश राजस गुण की प्रधानता के कारण कर्मों अर्थात फल देने वाली क्रियाओं में परिवर्तित हो जाते हैं। हम अपने ज्ञान के अनुसार केवल यह सुनिश्चित कर सकते हैं कि हम आध्यात्मिक सीमाओं के अंदर ही कार्य करें। हम यह निर्णय लेने में सक्षम नहीं हैं कि हमारे कार्य के फल स्वरुप हमें पुरस्कार मिलेगा अथवा दंड मिलेगा। प्रत्येक व्यक्ति सदा पुरस्कार ही प्राप्त करना चाहेगा किन्तु यदि हम उस पुरस्कार का आनंद उठाने में व्यस्त हो जाएंगे तो हमें उसका भी फल भोगने के लिए एक और जन्म लेना पड़ेगा। इससे और कर्म एकत्रित होगा, फिर कर्मफल मिलेगा और यह चक्र चलता ही रहेगा। मनुष्य को अपने ऋण से मुक्त होने अथवा दूसरों द्वारा लिए गए ऋण को प्राप्त करने के लिए जन्म तो

लेना ही होता है। जन्म-मृत्यु के चक्र से वह तब तक मुक्त नहीं हो सकता जब तक कि सब प्रकार के ऋण चुका नहीं दिए जाएँ। इस हिसाब-किताब को बंद करने का केवल एक ही उपाय है - मनुष्य को जो दूसरों को देना है उसे अवश्य चुका देना चाहिए तथा कभी आशा नहीं करनी चाहिए कि दूसरे ने आपको कोई ऋण चुकाना है। इन दोनों स्थितियों में साधक का निर्लिप्त रहना आवश्यक है।

प्रकृति द्वारा होने वाली दुखद घटनाओं के लिए स्वयं को दोषी मानना व्यर्थ है। ऐसे में कभी कभी हमारा विश्वास डोल जाता है और हम ईश्वर के न्याय पर संदेह करने लगते हैं। इन घटनाओं के प्रभाव में हम सोचते हैं कि ऐसा केवल हमारे ही साथ क्यों होता है। किसी भी परिस्थिति के हम पर होने वाले प्रभाव को देख कर उसके अच्छा अथवा बुरा होने का निर्णय स्वयं ही ले लेते हैं। इन परिस्थितियों का व्यक्ति के अच्छेपन, विश्वास, जाति अथवा शरीर के रंग आदि से कोई सम्बन्ध नहीं है। वास्तव में ये पूर्व कर्मों के फल हैं जो कि परिस्थियों के रूप में हमारे सामने आते हैं। इन परिस्थितियों में किये जाने वाले

व्यवहार अथवा कर्मों का निर्णय ईश्वर ने मानव के विवेक पर छोड़ दिया है।

परिस्थितियों के अनुकूल और प्रतिकूल होने का निर्णय हम स्वयं लेते हैं। परिस्थितियां स्वयं किसी को प्रसन्न अथवा दुखी नहीं करती हैं, हाँ हम स्वयं ही उनसे खुद को जोड़ कर उन्हें अच्छा बुरा कहते हैं। हमें केवल कर्म करने का अधिकार है, फल का निर्णय करने का नहीं। इसका अर्थ यह नहीं है कि हमें कर्मफल का त्याग करना होगा। हमें तो केवल कर्मफल की इच्छा का त्याग करना है। वैसे भी कर्मफल का त्याग करना संभव नहीं है क्योंकि कर्मफल किसी के वश में ही नहीं है। कर्मफल का त्याग तभी संभव है जब साधक फल की इच्छा ही छोड़ दे तथा फल की प्राप्ति पर न तो प्रसन्न हो और न ही दुखी हो। वास्तव में अपने लिए कर्मफल की कामना करने का हमें अधिकार ही नहीं है क्योंकि सभी कर्म सांसारिक वस्तुओं तथा अन्य लोगों की सहायता से ही किये जाते हैं। कोई भी कार्य किसी के लिए अकेले करना संभव ही नहीं है। जब हम भोजन करते हैं तो हमें खेत में बीज डालने से लेकर भोजन मुख में जाने तक किये गए अनेक व्यक्तियों

तथा संगठनों का योगदान नहीं भूलना चाहिए। यह बात प्रत्येक कर्म में लागू होती है। ऐसे में किसी भी कर्म का फल केवल स्वयं के लिए माँगना बेईमानी ही होगी।

किसी भी कर्म के लिए प्रेरित होने में विचारों का बहुत महत्त्व होता है। विचारों से उत्पन्न कामनाएं ही कर्म करवाती हैं। विचार हमारे संस्कारों से उत्पन्न होते हैं तथा आतंरिक प्रेरणाओं और मन में गहरी समाई प्रवृत्तियों से प्रभावित होते हैं। हमारे संस्कार ही कामना बन कर उभरते हैं और कर्म में परिवर्तित होते है। मन में नकारात्मक विचार आते ही हम में बुराई आ जाती है। मन में प्रेम भरे अच्छे विचार आते ही मन प्रसन्न हो जाता है। अपने विकास के लिए कौन सा रास्ता उत्तम है इसका निर्णय हमें ही लेना है।

किसी भी कर्म के लिए तीन वस्तुओं की आवश्यकता होती है - कर्ता, कर्म तथा कर्म के लिए आवश्यक सामान। बाहर के और भीतर के मिलाकर ऐसे तेरह उपकरण हैं जो कि किसी भी कार्य को करने में हमारे सहायक होते हैं। पांच कर्मेन्द्रियाँ अर्थात हाथ, पाँव, मुख (वाणी), गुदा, प्रजनन अंग,

और पांच ज्ञानेन्द्रियाँ कान, आँख, खाल, जिव्हा और नाक, यह सभी इन्द्रियों के बाहरी उपकरण हैं। मन, बुद्धि तथा अहम्, यह अंदर के उपकरण हैं। इन तेरह के अलावा, संस्कार कार्य करने की प्रेरणा देते हैं और यह निश्चित करते हैं कि व्यक्ति किस प्रकार से अपना कार्य करेगा। इन संस्कारों के कारण प्रत्येक व्यक्ति की उचित अनुचित की परिभाषा भिन्न होती है। संस्कार व्यक्ति को एक विशेष व्यवहार के लिए प्रेरित करते हैं तथा उसकी प्राथमिकताएं निश्चित करते हैं। संस्कार ही निश्चित करते हैं कि व्यक्ति किस प्रकार के कार्यों को प्राथमिकता देगा, किस प्रकार की पुस्तकों को पसंद करेगा, किस कार्य में उसे अधिक आनंद आएगा, किस प्रकार का कार्य उसे पसंद नहीं होगा, आदि। मनुष्य के विचारों की संरचना उसके संग्रहित संस्कारों से ही परिभाषित होगी। व्यक्तियों का व्यक्तित्व उनके विचारों की संरचना के कारण ही भिन्न होता है। यह संरचना हम में अंदरूनी गहरी भावनाओं को जन्म देती है जो हर समय हमारी भावनात्मक छवि और भावनात्मक प्रतिक्रिया का निर्धारण करती है। अतः यह अति आवश्यक है कि हम सदा सकारात्मक

वातावरण को चुनें और बुद्धिमत्ता से अपने संस्कारों का पुनर्गठन करें।

दुनिया के सभी लोग कर्मों में लिप्त हैं। कर्मों के साथ इस लगाव के कारण कर्मों से मिलने वाली सफलता से प्रसन्न होते हैं तथा दुखी होते हैं जब उन्हें मन चाहा फल नहीं मिलता है। मनुष्य को कौन सा कर्म करना है, इसका निर्णय भगवान् नहीं लेते हैं। यदि ऐसा होता तो मनुष्य को कर्मफल भोगना ही नहीं पड़ता क्योंकि कर्मों का निर्णय तो भगवान् स्वयं ले रहे हैं। कर्म के प्रत्येक चरण में इस द्विविधता वाली दुनिया में प्रत्येक मनुष्य को विकल्प मिलते हैं, लेकिन एक विकल्प चुन लेने के पश्चात उसके सही गलत होने की जिम्मेदारी मनुष्य को स्वयं लेनी होती है।

मन, बुद्धि तथा संस्कारों और कर्मों का लेखा जोखा जब एक शरीर से दूसरे शरीर में चला जाता है तो उसे एक शरीर की मृत्यु तथा दूसरे शरीर का जन्म कहा जाता है। जन्म के समय मनुष्य में ख़ास विशेषताएं तथा महत्वाकांक्षाएं न जाने कहाँ से स्वयं प्रकट हो जाती हैं। पिछले जन्म से आप क्या लेकर आये हैं, यह उसी का प्रतिबिम्ब हैं। अब तक के कर्मों

का कुल योग संचित कर्म कहलाता है। इनमें से जिन कर्मों का फल शीघ्र ही दिया जाना है वे प्रारब्ध कर्म कहलाते हैं। वे निर्धारित करते हैं कि कर्मफल के अनुसार कौन सा वातावरण आपके जन्म के लिए सर्वोत्तम है। हम चाहे जितना भी प्रयास कर लें पूर्व कर्मों का फल हमें इस जन्म में मिलकर रहेगा। कर्मफल हमें परिस्थितियों के रूप में मिलेगा और उस पर हमारा कोई नियंत्रण नहीं होगा। यह हम पर निर्भर है कि हम उस कर्मफल को सुखद मानें अथवा दुखद, पुरस्कार मानें अथवा दण्ड, लेकिन इस प्रकार मानने की प्रक्रिया से जुड़ने से हम अपने संचित कर्मों में बढ़ोत्तरी ही करते हैं। कर्मफल के कारण आने वाली परिस्थितियों में समभाव से रहें तो संचित कर्मों में बढ़ोत्तरी होने से बच जाएंगे।

वर्तमान में किये जाने वाले कर्मों को क्रियामण कर्म कहते हैं। यह दो प्रकार से फल देते हैं- प्रत्यक्ष फल तथा अप्रत्यक्ष फल। अप्रत्यक्ष फल संस्कारों के रूप में प्राप्त होता है। प्रत्यक्ष फल दो प्रकार का होता है - दिखाई देने वाला तथा दिखाई न देने वाला। दिखाई देने वाले फल को और दो भागों में बांटा जा सकता है- तुरंत मिलने वाला फल तथा

बाद में मिलने वाला फल। उदाहरण के रूप में - स्वादिष्ट भोजन का तुरंत फल है कि वह भूख मिटाता है और इसका बाद में मिलने वाला फल है कि इससे शरीर को शक्ति मिलती है। इसी प्रकार जब कोई व्यक्ति अधिक मिर्च का सेवन कर लेता है तो जलन के रूप में उसे तुरंत फल मिलेगा तथा अधिक मिर्च से होने वाली बीमारियां उसे बाद में मिलने वाले फल के रूप में प्राप्त होंगी। त्याग, दान, प्रायश्चित, तीर्थ यात्रा, स्तुति आदि कार्य हमें प्रशंसा, सम्मान, धन आदि, दिखाई देने वाले फल के रूप में प्राप्त होते हैं तथा मान्यता के अनुसार बाद में स्वर्गरोहण में भी सहायक होते हैं। इसी प्रकार गलत कार्य करने से दिखाई देने वाले फल के रूप में आर्थिक दण्ड, जेल आदि प्राप्त हो सकते हैं तथा मान्यता के अनुसार बाद में मिलने वाला फल नर्क अथवा नीच योनियों में जन्म के रूप में प्राप्त हो सकता है।

कर्म तीन प्रकार के होते हैं। वो सभी कर्म सात्त्विक कहलाते हैं जो बिना आसक्ति तथा द्वेष के किये जाएँ, जिनसे किसी भी फल की आशा न हो और जिनमें कर्म समाप्त हो जाने के पश्चात कर्ता में

कोई अहम् न हो। कर्तापन केवल कार्य करने के दौरान होना चाहिए, लेकिन कार्य समाप्त होने के पश्चात कर्तापन समाप्त करके पूरा ध्यान उन अन्य कर्मों की ओर चला जाना चाहिए जिन्हें आपकी आवश्यकता है। यदि कार्य किसी फल की इच्छा से किया जाए तथा उसमें अहम् का समावेश हो तो वह राजसिक कर्म कहलाता है। राजसिक कर्म आराम, खुशी, सम्मान, प्रशंसा और स्वयं की संतुष्टि के लिए होते हैं। जब लोग सार्वजनिक रूप से उनकी प्रशंसा करते हैं तो राजसिक व्यक्ति प्रसन्न होते हैं। निजी रूप से वे यह सोच सोच कर गर्वान्वित होते हैं की वे अन्य लोगों की तुलना में अधिक कुशल और ईमानदार हैं। यदि कार्य बिना परिणाम के बारे में विचार किये और किसी भ्रम अथवा भ्रान्ति में किये जाएँ तो वे तामसिक कहलाते हैं। तामसिक व्यक्ति यह चिंता नहीं करते हैं कि उनके पास उस कार्य को करने की योग्यता, समय, ज्ञान अथवा साधन हैं भी या नहीं। ध्यान देने योग्य है कि काम के किये जाने की रीति के अनुसार एक ही कार्य सात्त्विक, राजसिक अथवा तामसिक हो सकता है।

इसी प्रकार कर्ता भी तीन प्रकार के होते हैं - सात्त्विक, राजसिक तथा तामसिक। सात्त्विक कर्ता में अहम् नहीं होता तथा वह आसक्ति से रहित होता है। उसमें दृढ़ता और उत्साह होता है और वह सफलता तथा असफलता में समान रहता है। सात्त्विक कर्ता ऊंचे आदर्शों के लिए कार्य करता है और उसमें त्याग की भावना होती है। राजसिक कर्ता भावुक होता है और उत्सुकतापूर्वक फल की कामना करता है। उसमें लालच होता है और वह आनंद तथा दुःख से शीघ्र ही प्रभावित हो जाता है। वह दान आदि केवल सम्मान और प्रशंसा के लिए करता है तथा अपनी संपत्ति से कभी भी संतुष्ट नहीं होता है। राजसिक कर्ता स्वार्थ के लिए कार्य करता है लेकिन अंत में तनाव तथा मन की उद्विग्नता ही पाता है। तामसिक कर्ता अविवेकी और जिद्दी होता है और उचित अनुचित का अंतर नहीं जानता है। वह झुकना नहीं जानता है, कठोर-दिल होता है और अविनम्र होता है। भ्रम के कारणवश वह समझता है कि उसके विचार ही सर्वोत्तम हैं और उन पर दृढ़ रहता है। महात्मा गाँधी ने कहा है, "आपको अपने अहम् और काम से आसक्ति छोड़ देनी चाहिए - अर्थात इस प्रकार काम करना चाहिए कि न तो आप

कर्ता हो और और न ही आप फल के इच्छुक हो। इस प्रकार काम करो जैसे कि आप एक निष्क्रिय पदार्थ हो जैसे कि चरखे की धुरी अथवा दिए की बाती जोकि स्वयं को जलाती है।" स्वामी प्रभुपाद ने अपनी पुस्तक "भगवदगीता- यथा रूप " में कहा है, " अपने अहम् और आशाओं में जीना ठीक उसी प्रकार है जैसे समाप्त हुए गुज़रे हुए कल में अथवा भविष्य के अजन्मे पलों में जीना। कर्मों के त्याग का अर्थ है कर्मों के पीछे के गलत उद्देश्यों का त्याग। अक्सर यह माना जाता है कि अच्छे कर्म हमें प्रभु से मिला देंगे। लेकिन यह असंभव है क्योंकि प्रत्येक कर्म किसी कामना से ही जन्म लेता है।" शारीरिक कष्ट के कारण किया गया कर्मों का त्याग राजस त्याग है और अज्ञानता, आलस्य और असावधानी के कारण किया गया कर्मों का त्याग तामसिक त्याग कहलाता है। इन दोनों प्रकार के त्याग से बचना चाहिए।

हमारे जीवन के लिए आवश्यक सभी संसाधन हमारे जन्म से पहले ही पृथ्वी पर उपलब्ध थे और हमारी मृत्यु के पश्चात भी उपलब्ध रहेंगे। हम केवल एक पर्यटक की भांति यहाँ आते जाते रहते हैं।

हम अपने आनंद तथा समृद्धि के लिए दुनिया के इन संसाधनों का उपयोग करते हैं। लेकिन दुनिया हमारी संपत्ति नहीं है। हम दुनिया के ऋणी हैं। हम दूसरों के कल्याण के लिए अपने कर्तव्यों का पालन करके इस ऋण को चुका सकते हैं। इस शब्द 'दूसरों' का अर्थ सामान्यतया दूसरे लोग जाना जाता है लेकिन हम भूल जाते हैं कि 'दूसरे' में हमारा खुद का शरीर भी शामिल है। हमारे शरीर की परिभाषा में हमारे स्थूल, सूक्ष्म तथा कारण शरीर, सभी आते हैं। स्थूल शरीर को आलसी, निद्रामय और ढीला न होने देना स्थूल शरीर के कल्याण में की गयी हमारी सेवा होगी। विषय वस्तुओं के आनंद में लिप्त न होने देना इन्द्रियों तथा इन्द्रियांगों की सेवा होगी। बुरा सोचने तथा व्यर्थ विचारों में न खोने देना मन की सेवा होगी।

नियति भी बुद्धि पर प्रभाव डालती है। पूर्व कर्मों का फल देने के लिए नियति व्यक्ति को सही अथवा गलत निर्णय लेने के लिए मजबूर कर सकती है। बुद्धि एक व्यापारी को व्यापार में लाभ अथवा हानि की ओर ले जा सकती है। यह हानि अथवा लाभ नियति का निर्णय होता है और मनुष्य

का इस पर कोई नियंत्रण नहीं होता है। लेकिन मनुष्य ईमानदारी अथवा बेईमानी से व्यापार करने में स्वतंत्र है। यदि मनुष्य की मृत्यु किसी प्राकृतिक कारण से अथवा किसी दुर्घटना में हो जाती है तो उसे नियति कह सकते हैं। लेकिन यदि कोई व्यक्ति आत्महत्या करता है, जो कि एक असामयिक मृत्यु कही जायेगी, तो आत्महत्या करने वाले पर हत्या का दोष होगा। इसी प्रकार, यदि एक अपराधी को मृत्युदंड सुनाया गया है लेकिन उसे मृत्युदंड देने से पहले कोई व्यक्ति उसको मार दे तो मारने वाले व्यक्ति को हत्या का दोष लगेगा। ऐसा इसलिए भी क्योंकि अपराधी के पास मृत्युदंड से बचने के लिए कई कानूनी संभावनाएं अभी शेष हो सकती हैं, लेकिन हत्यारे ने उन सभी संभावनाओं का अंत कर दिया। मनुष्य अपने द्वारा किये गए सदाचारी तथा पवित्र कामों के फल से बच सकता है यदि वह इन कर्मों को भगवान् को अर्पित कर दे और फल की कोई इच्छा न रखे। लेकिन अपने पापों के कर्मफल से इस प्रकार नहीं बचा जा सकता है। पापकर्म धर्मग्रंथों की शिक्षा के विपरीत किये गए कर्म हैं अतः इनका समर्पण नहीं किया जा सकता है। उन कर्मों का फल तो भोगना ही होगा। पाप

कर्म के पश्चात् अक्सर मनुष्य मंदिर जाता है, दान आदि देने लगता है तथा अन्य नेक कार्य करता है। यह व्यर्थ है क्योंकि पाप कर्मों का प्रतिकार नेक कर्मों द्वारा संभव नहीं है। दोनों का हिसाब अलग से रखा जाता है। लेकिन यह कहा गया है कि शुद्ध पश्चात्ताप के रूप में किये गए नेक कार्यों से पाप समाप्त हो जाते है।

6

कर्मयोग

॥ कर्तव्य कर्म करने में ही तेरा अधिकार है, कर्मफल में नहीं .... गीता 2:47 ॥

जीवन की स्थिति, प्रकृति अथवा परिस्थिति के अनुसार जो शास्त्रोचित कार्य हमारे सामने आ जाये, उसे फल की कामना और उसके लिए आसक्ति के बिना तथा सफलता और असफलता में समता का भाव रखते हुए करना ही कर्मयोग है। प्रकृति में जो स्वयं ही हो रहा है उसे क्रिया कहते हैं। हमारे शरीर की बचपन से बुढ़ापे तक की यात्रा एक क्रिया ही है। श्वास लेना एक क्रिया है। नदी का लगातार बहना एक क्रिया है। अब यदि नदी के पानी में कोई

डूब जाए अथवा नदी के जल के कारण किसी की फसल बहुत अच्छी हो जाए तो नदी को कोई दोष नहीं दिया जाता और न ही उसकी प्रशंसा की जाती है। हाँ, यदि हम कामना के कारण क्रिया के साथ स्वयं को जोड़ लेते हैं तो क्रिया कर्म हो जाती है। मनुष्य कर्ता बन जाता है और कर्मफल का भागी होता है।

हम सभी चाहते हैं कि परिस्थितियां सदा अनुकूल ही रहें और उन्हें लम्बे समय तक अनुकूल रखने के लिए हम सारे प्रयास करते हैं। इसी प्रकार प्रतिकूल परिस्थितियां हमें नहीं भाती हैं और हम उनसे बचने अथवा उनके शीघ्र अंत के लिए प्रयास करते हैं। हम अनुकूल परिस्थितियों का श्रेय स्वयं को देते हैं तथा उन परिस्थितियों का उपयोग केवल स्वयं के लिए करते है और प्रतिकूल परिस्थितियों का दोष दूसरों पर मढ़ते हैं। ऐसा शायद समाज में राजसिक गुण की प्रधानता के कारण होता है। आनंद लेते हुए अथवा कोसते हुए हम यह भूल जाते हैं कि हम अपने आप को और बांधते जा रहे हैं और भविष्य में कर्म फल के भागी बनते जा रहे हैं। परिस्थितियां हमारे पुराने कर्मों के फल को समाप्त करने के

लिए होती हैं और इनका उपयोग अपने कर्मों के भार को बढ़ाने लिए कदापि नहीं करना चाहिए। परिस्थितियों का आनंद लेकर अथवा उन्हें कष्ट वाला मानकर हम नए कर्म को जन्म देते हैं। अपनी आवश्यकता की पूर्ति हो जाने के बाद हमें अपनी अनुकूल परिस्थिति को जरूरतमंदों की सेवा में लगा देना चाहिए। इसी प्रकार प्रतिकूल परिस्थितियों में धैर्य धारण करते हुए हमें ईश्वर का धन्यवाद करना चाहिए कि इन परिस्थितियों के कारण हमारे पुराने पाप नष्ट हो रहे हैं। हमें केवल कार्य पर ध्यान केंद्रित रखना चाहिए। परिणाम जो भी हो, हमें उसे प्रभु की इच्छा समझ कर स्वीकारना चाहिए। यदि हमें अनुकूल फल प्राप्त हो तो हमें स्मरण रखना चाहिए कि हमारी सफलता के लिए बहुत से लोग जिम्मेदार हैं। अनुकूल फल को हमें दूसरों के साथ बांटना चाहिए। प्रतिकूल फल से सीख लेते हुए हमें अपनी कमियों को पहचान कर और अधिक मेहनत करनी चाहिए।

इन्द्रियां इन्द्रिय विषयों से श्रेष्ठ होती हैं। इसका अर्थ है कि इन्द्रियां तो इन्द्रिय विषयों को जानती हैं लेकिन इन्द्रिय विषय इन्द्रियों को नहीं जानते हैं।

इन्द्रिय विषयों के बिना इन्द्रियों का अपना अस्तित्व होता है लेकिन इन्द्रियों के बिना इन्द्रिय विषयों की कोई पहचान नहीं होती है। प्रत्येक इन्द्रिय अपने विषय को जानती है लेकिन किसी दूसरी इन्द्रिय के विषय को नहीं जानती है। कान केवल सुन सकते हैं, जिव्हा केवल स्वाद बता सकती है, नाक केवल सूंघ सकती है, आँखें केवल देख सकती हैं तथा त्वचा केवल स्पर्श को पहचान सकती है। लेकिन मन पाँचों इन्द्रियों तथा उनके विषयों को पहचानता है। अतः मन इन्द्रियों से श्रेष्ठ, अधिक शक्तिशाली, अधिक सूक्ष्म है और इंद्रियों की तुलना में अधिक व्यापक विस्तार वाला है। बुद्धि जानती है कि मन कब शांत अथवा उद्विग्न है तथा इन्द्रियां अपना कार्य ठीक से कर रही हैं या नहीं। अतः बुद्धि मन को, उसके विचारों को, इन्द्रियों को तथा इन्द्रियों के विषयों को जानती है। अतः बुद्धि मन से श्रेष्ठ, अधिक शक्तिशाली, अधिक सूक्ष्म है और इंद्रियों की तुलना में अधिक व्यापक विस्तार वाली है। जब आत्मा का लगाव शरीर से हो जाता है तो उसे अहम् कहा जाता है। ऐसे में बुद्धि का स्वामी अहम् हो जाता है और शरीर से लगाव के कारण अहम् कर्ता बन जाता है।

अधिकाँश समय हम कार्य किसी न किसी उद्देश्य से करते हैं। इस प्रकार हम उस कर्म से जुड़ जाते हैं। हम मंदिर भी किसी फल की कामना लेकर जाते हैं। अपनी इच्छा पूरी करवाने के लिए हम भगवान् से सौदा करने में भी नहीं हिचकते हैं और अपनी इच्छित वस्तु अथवा कार्य के लिए भगवान् को किसी दान, किसी विशेष पूजा या किसी व्रत का वादा करके एक सौदा कर आते हैं। हम भूल जाते हैं कि हमारी जिम्मेदारी केवल कर्म करने तक ही है और हमें फल पर हक़ जमाने का कोई अधिकार नहीं है। गीता में श्री कृष्ण ने अर्जुन से कहा है, " तुम्हारा अधिकार क्षेत्र केवल धनुष उठाकर, निशाना लगाकर बाण चलाने तक ही है। तुम्हारा बाण लक्ष्य पर लगेगा या नहीं और तुम्हारा शत्रु धराशाई होगा या नहीं, इसका निर्णय मैं करूँगा। तुम अपना कार्य करके शेष मुझ पर छोड़ दो।" यह सन्देश रोजाना के जीवन में हम सब पर भी लागू होता है।

कामना प्रत्येक पाप की जड़ है। पहले कामना इन्द्रियों को विषय वस्तु की ओर आकर्षित करती है जिसके पश्चात इन्द्रियां मन को उस ओर आकर्षित

करती हैं। इन्द्रियाँ और मन फिर बुद्धि को आकर्षित करते हैं। बुद्धि के साथ सम्बन्ध जोड़ते हुए आत्मा पूर्व में इन्द्रियों के द्वारा दिए गए इन्द्रिय सुख तथा मानसिक आनंद को पुनः जीने की इच्छुक हो जाती है। इस प्रकार शरीर को धारण करने वाली आत्मा कामना के कारण भटक जाती है और पतन के मार्ग पर अग्रसर हो जाती है। जब कामना की संतुष्टि नहीं होती है तो क्रोध आता है। क्रोध से भ्रम का जन्म होता है जिससे विवेक की हानि होती है। जो करना उचित है उसे छोड़ कर हम अनुचित कार्य करने में लग जाते हैं। और जब कामना की पूर्ति हो जाती है तो लालच का जन्म होता है जिस के कारण और कामनाएं उत्पन्न होती हैं।

हम कामनाओं का त्याग करने में स्वयं को असमर्थ पाते हैं क्योंकि हमें लगता है कि यदि कामना करना छोड़ देंगे तो हम जीवन में आगे कैसे बढ़ेंगे। हम सोचते हैं कि प्रत्येक कर्म के लिए पहले कामना करना आवश्यक है इसलिए कामनाओं का त्याग असंभव है। विषय वस्तुओं में लगाव के कारण हम अपनी जाग्रत अवस्था में प्रसन्न अथवा दुखी होते रहते है। नींद में भी यह सम्बन्ध चलता

रहता है अतः इस कारणवश निद्रा भी अशांत रहती है। लेकिन जब हम गहरी निद्रा में चले जाते हैं तो हम विषय वस्तुओं को पूरी तरह भूल जाते हैं और जागने पर एकदम तरोताजा महसूस करते हैं। अतः विषय वस्तुओं का त्याग ही हमें प्रसन्नता और शांति दे सकता है।

जब हम कोई गलत कार्य करते हैं और हमें तात्कालिक फल के रूप में शारीरिक चोट, हानि, बीमारी अथवा कोई कानूनी सजा मिलती है तो हम तुरंत भाग्य को कोसने लगते हैं। हम भूल जाते हैं कि प्रत्येक स्थिति तथा प्रत्येक परिस्थिति में हमारे पास विकल्प होते हैं और उनमें से चुनने के लिए हम पूर्णतया स्वतंत्र हैं। यह आवश्यक नहीं है कि एक चोर का बेटा चोर ही बने। वह अपने लिए अलग राह चुन सकता है। भाग्य हमें कर्म करने के लिए प्रेरित करता है लेकिन गलत कार्य करने के लिए मजबूर नहीं करता है। भाग्य हममें हमेशा सुधार ही लाना चाहता है।

सभी कर्मों का फल होता है। वस्तुओं का आनंद बाहर से इन्द्रियांगों द्वारा तथा अंदर से मन के द्वारा लिया जा सकता है। मन द्वारा लिया गया आनंद

बहुत हानिकारक है क्योंकि इस प्रकार के आनंद में यह भय नहीं होता है कि कोई अन्य जान जायेगा। मनुष्य मन में आनंद लेता रहता है और मिथ्या गर्व करता है कि उसने सुख का त्याग कर दिया है। मन में आनंद लेते रहने से मनुष्य की समाज में छवि बनी रहती है। ऐसे लोग पाखंडी होते हैं। लेकिन वे यह भूल जाते हैं कि उनके सभी कर्म मन-बुद्धि उपकरण में अंकित होते जा रहे हैं और भविष्य में इनका फल अवश्य मिलेगा।

मनुष्य की प्रकृति और सोच को तीन गुणों द्वारा जाना जा सकता है। इनसे ज्ञात हो जाता है कि मनुष्य की कामनाएं किस प्रकार की होंगी तथा इनका मनुष्य की विवेक शक्ति पर क्या प्रभाव होगा। सात्विक कामनायें अग्नि की भांति होती हैं जो कि बहुत प्रकाशमान होती है। धुआं इस अग्नि को ढक सकता है और कुछ समय के लिए ऐसा लग सकता है कि अग्नि का प्रकाश कुछ धूमिल हो गया है लेकिन अग्नि की प्रबलता में कोई कमी नहीं आती है। सात्विक कामनायें आत्मा को ढक तो सकती हैं लेकिन आत्मा सदा तेजस्वी ही रहती है। राजसिक कामनाएं मनुष्य की यश और सत्ता की लगातार

रहने वाली भूख के कारण मन को अशांत करती रहती हैं। यह अशांति इतनी शक्तिशाली होती है कि मनुष्य की बुद्धि को ढक लेती है। राजसिक कामनाओं द्वारा मन के ढके जाने की तुलना दर्पण पर लगी धूल से कर सकते हैं। दर्पण पर लगी धूल को प्रयास करके स्वयं ही साफ़ करना पड़ता है। यह हवा से नहीं उड़ाई जा सकती है। धुआं चाहे कितना भी घना हो, उसके द्वारा ढकी गयी अग्नि का तो अनुभव किया जा सकता है लेकिन दर्पण पर लगी धूल में से तो केवल धुंधला ही दिखाई दे सकता है। तामसी कामनाएं बुद्धि तथा मनुष्य के व्यक्तित्व के दैवी स्वरुप को पूरी तरह अवरुद्ध कर देती हैं। मन और बुद्धि दोनों ही भ्रमित हो जाते हैं। तामस गुण की अधिकता वाला स्वयं भी नहीं जान पाता है कि वह भ्रमित हो गया है। यह प्रभाव तब तक बना रहता जब तक वह व्यक्ति स्वयं का विकास कर के अपने तामस गुण के प्रभाव से बाहर नहीं आ जाता है।

इच्छित वस्तु की प्राप्ति के लिए पहले तो मनुष्य कानूनी रूप से वैध सभी प्रयास करता है। सफल न होने पर वह कुछ भी कर सकता है और किसी

भी हद तक जा सकता है। प्राप्त हो जाने के पश्चात वह दूसरी वस्तु को प्राप्त करने के प्रयास में लग जाता है और यह सिलसिला चलता रहता है। लेकिन सभी कामनाएं हानिकारक नहीं होती हैं। कामना आध्यात्मिक उद्देश्य से हो सकती हैं अथवा किसी भौतिक वस्तु की प्राप्ति के लिए हो सकती हैं। आध्यात्मिक उद्देश्य से की गयी कामनाएं वास्तव में कामनाएं नहीं कहलाती हैं। दूसरों की सेवा करने की स्वार्थहीन कामना अथवा स्वयं के आध्यात्मिक कल्याण के लिए की गयी कामना असल में कामना नहीं कही जा सकती है। अपने संसाधनों को दूसरों की सेवा में लगाने की इच्छा त्याग भावना कहलाएगी, न कि कामना। शरीर के पालन के लिए भोजन की इच्छा शरीर के पालन की आवश्यकता है न कि कोई कामना है।

विषय वस्तुओं का आनंद लेते रहने से कामनाएं कभी समाप्त नहीं हो सकती हैं, बल्कि बढ़ जाती हैं। कामना की पूर्ति लालच को निमंत्रण देती है। जब मनुष्य को सौ रुपये मिल जाते हैं तो उसमें एक हज़ार रुपये प्राप्त करने की इच्छा जाग जाती है।

शेष नौ सौ रुपये पाने के लिए वह प्रयास आरम्भ कर देता है। एक हज़ार रुपये प्राप्त हो जाने के बाद वह दस हज़ार रुपये प्राप्त करना चाहता है। अब उसे नौ हज़ार रुपये और चाहिए। यह इसी प्रकार चलता रहता है। पैसा अथवा उसकी आवश्यकताएं नहीं बल्कि कामना और लोभ उसकी प्रेरणा बन जाते हैं।

हमें सभी को समान नज़रों से देखना चाहिए ताकि हम निष्पक्ष और तटस्थ, अर्थात समदर्शी रहें। हमें ईश्वर को सर्वव्यापी जानते हुए हर जीव से प्रेम करते हुए बिना आसक्ति, द्वेष, अहंकार तथा पक्षपात के उनके कल्याण के विषय में सोचना चाहिए। लेकिन जीवन में सबके साथ हमारा व्यवहार एक जैसा नहीं होता है। सबके साथ एक जैसा व्यवहार करना अर्थात समवर्ती होना न तो उचित है और न ही संभव है। एक ही वजन तथा एक जैसे स्वर्ण से निर्मित श्वान की मूर्ति तथा भगवान् की मूर्ति की पैसों में कीमत एक हो सकती है लेकिन हम केवल दैवी मूर्ति की उपासना करते हैं भले ही दोनों ही स्वर्ण से बनी हों। हम अपने ही शरीर के अंगों से

जैसा व्यवहार करते हैं, समवर्ती न होने का इससे स्पष्ट उदाहरण नहीं हो सकता है। अपने शरीर के प्रत्येक अंग को हम एक ही नजर से देखते हैं और उनके स्वास्थ्य और कल्याण के बारे में एक जैसा ही सोचते हैं, लेकिन उनके साथ हमारा व्यवहार एक सा नहीं होता है। जब हमारा पाँव किसी को अचानक छू जाता है तो हमें गलत लगता है और हम तुरंत क्षमा मांग लेते हैं लेकिन जब हमारी बाजू किसी को छू जाती है तो हम ऐसा नहीं करते हैं। दूसरों के प्रति हम सिर झुका कर और हाथ जोड़ कर सम्मान प्रकट करते है न कि अपने पैरों को जोड़ कर। जब हमारा हाथ हमारे पाँव को छू लेता है तो हम हाथों को धो लेते हैं लेकिन हम जब बड़ों के प्रति सम्मान व्यक्त करने के लिए उनके पाँव छूते हैं तो हाथों को धोने के स्थान पर सम्मान व्यक्त करने के लिए उन हाथों से अपने माथे अथवा हृदय को छूते हैं।

सुख और दुःख एक ही सिक्के के दो पहलू हैं। इनमें से कोई भी सदा के लिए नहीं रहता है। हमें दोनों के लिए ही तैयार रहना चाहिए। हमारे जीवन में आने वाली प्रत्येक परिस्थिति पर हमारी

प्रतिक्रियाओं के रूप में दोनों ही प्रकट होते रहेंगे। सुख आते हुए अच्छा लगता है और जाते हुए बुरा लगता है। इसी प्रकार दुःख आते हुए बुरा लगता है और जाते हुए अच्छा लगता है। फिर हम कैसे कहें कि कौन सा दूसरे से अच्छा है। हमें दोनों में समान रूप से तथा समता से व्यवहार करना चाहिए। विपरीत परिस्थितियों में संतुलन और संयम रखना ही समता है। जो व्यक्ति द्विविधता में समता कायम रख सकता है उसमें कभी भी पाप कार्य करने की इच्छा नहीं हो सकती है। दुनिया में कुछ भी न तो पूरी तरह अच्छा और न ही पूरी तरह बुरा है। यदि ऊंचाइयां होंगी तो गहराइयाँ भी होंगी। यदि गहराइयाँ नहीं होंगी तो ऊंचाइयों को कौन जानेगा। प्रत्येक परिस्थिति में दोनों के लिए तैयार रहना चाहिए।

यदि कर्मों के संचय से बचना कठिन है तो हमें कर्मों के साथ जीना सीखना होगा। अपने कर्मों तथा उनके परिणाम की जिम्मेदारी हमें स्वयं ही लेनी होगी। यह जिम्मेदारी अपने माता-पिता, शिक्षकों, राजनेताओं, देश, देवताओं, भाग्य आदि पर डाले बिना अपना भाग्य अपने हाथों से लिखने की

जिम्मेदारी लेनी होगी। वातावरण, परिस्थितियां और संस्कार अवश्य प्रभाव डालते हैं लेकिन जीवन का उत्तरदायित्व हमें खुद संभालना होगा। यह मान सकते हैं कि कोई भी कर्म एक अकेले व्यक्ति से नहीं हो सकता है लेकिन जो परिस्थितियां हमारे सामने आती है वो हमारे अपने कर्मों का ही फल है। हम एक परिवार, समूह अथवा भीड़ का हिस्सा होते हुए भी अकेले हैं। अपने व्यक्तिगत कर्मों का फल केवल हमें ही प्राप्त होगा। यदि हम आवश्यकता से अधिक भोजन कर लेते हैं तो अपच भी हमें ही होगी। हमारे बीमार हो जाने पर यदि हमारे स्थान पर कोई अन्य दवा ले तो हम स्वस्थ नहीं होंगे। मोक्ष प्राप्ति भी एक अकेले व्यक्ति की ही हो सकती है। हमारे कर्मों का लेखा जोखा केवल हमारे पास ही होता है और जब हम कर्मों की स्मृति से स्वयं को जोड़ लेते हैं तो हमारी सोचने समझने की क्षमता गंभीर रूप से धूमिल हो जाती हैं। ऐसे समय में कर्म हमें सीमाओं में बाँध लेते हैं। हम परिवार, कबीले, जनजाति, वर्ग, लिंग, धर्म, संस्कृति और भाषा आदि को खुद की पहचान बना लेते हैं लेकिन इन सब

का बोझ धीरे धीरे हमारे निर्णयों को प्रभावित करने लगता है।

कर्मों के साथ जीने का सबसे प्रभावी तरीका है कि हम शरीर द्वारा किये जाने वाले कर्मों के केवल एक दर्शक बन जाएँ। हम शरीर नहीं हैं अतः हमें शरीर के कर्मों के साथ सम्बन्ध नहीं जोड़ना है। इस सम्बन्ध से कर्तापन का जन्म होता है और हमें सुख, शांति और स्थिरता तभी मिल सकती है जब हम कर्तापन का त्याग कर दें। शरीर से , जिसमें मन भी शामिल है, सम्बन्ध विच्छेद करके प्रत्येक घटना में हम केवल दर्शक बन जाएँ। प्रत्येक परिस्थिति को एक त्रिकोण की भांति मानें जिसमें एक कोना शरीर है, दूसरा कोना मन है और तीसरे कोने में दर्शक के रूप में आप स्वयं हैं। शरीर जब कर्म करे तो आप उस कर्म से सम्बन्ध जोड़े बिना केवल उसे देखते रहें। आप इंजन की भाप की भांति व्यवहार करो जिसकी न तो प्रशंसा होती है और न ही आलोचना होती है जब गाड़ी समय पर पहुंचे अथवा देरी से, सही गंतव्य स्थल पर पहुंचे अथवा किसी अन्य स्टेशन पर पहुंचे। यदि शरीर को चोट

आये तो यह न समझें कि आपको चोट आयी है। आपको सिर्फ यह जानना है की शरीर चोटिल हुआ है। शरीर से इस प्रकार का अलगाव लाने के लिए बहुत अभ्यास की आवश्यकता है। यह अलगाव, कर्मों को फलरहित करने का सर्वोत्तम मार्ग है। इस प्रकार के अलगाव का अर्थ न तो असहायता है और न ही अयोग्यता। सुख और दुःख की परिस्थितियां तो सबको प्राप्त होती हैं लेकिन एक कर्मयोगी इन सबसे अछूता रहता है क्योंकि वह जानता है कि यह पूर्व कर्मों का फल मात्र है। वह नए कर्मों का चक्र आरम्भ न करते हुए पूर्व कर्मों के एकत्रित फल समता से समाप्त होने देता है।

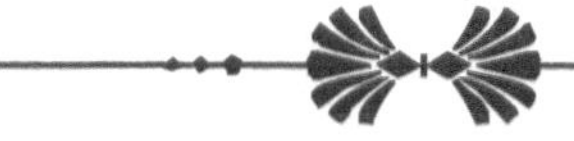

7

ज्ञानयोग एवं भक्तियोग

*|| असत्य का तो भाव, अर्थात सत्ता विद्यमान नहीं है और सत्य का अभाव विद्यमान नहीं है..........
गीता 2:16 ||*

*|| मुझ में मन को लगाकर नित्य-निरंतर मुझ में लगे हुए जो भक्त परम श्रद्धा से युक्त हो कर मेरी उपासना करते हैं, वे सर्वश्रेष्ठ योगी हैं ....
गीता 12:2 ||*

ज्ञानयोग, जिसे ज्ञान मार्ग अथवा सांख्ययोग भी कहा जाता है, सत्य की खोज के कई मार्गों में से एक है। कोई भी संज्ञानात्मक घटना जो कि सदा ही सत्य

है उसे ज्ञान कहते है। विशेषतया ऐसा परमात्मा की वास्तविकता से सम्बंधित ज्ञान के विषय में कहा जाता है। आत्मा और परमात्मा के एक होने के बोध को ही ज्ञानयोग कहा गया है। गीता में इसे बुद्धियोग भी कहा गया है और इसका लक्ष्य स्वयंबोध है। ईश्वर ही सृष्टि के रचेयता हैं और इस सृष्टि में निम्न प्रकृति के रूप में भौतिक पदार्थ तथा उच्च प्रकृति के रूप में आत्मा हैं। पृथ्वी, जल, वायु, अग्नि, आकाश, मन तथा बुद्धि ईश्वर की निम्न प्रकृति है। जीवन का तत्व, अर्थात जीव, जिससे प्रकृति को सामर्थ्य मिलता है, ईश्वर की उच्च प्रकृति है। संसार की प्रत्येक वस्तु ईश्वर के प्रत्यक्षीकरण के अलावा कुछ नहीं। आत्मा अमर है, सर्वव्यापी है, अचल है, स्थिर है तथा सदा विद्यमान है जबकि संसार सदा परिवर्तनशील है। अचल. अपरिवर्तनीय तथा स्थिर होते हुए भी आत्मा विनाशी सांसारिक पदार्थों से सम्बन्ध मानकर पदार्थों में होने वाले परिवर्तनों को स्वयं में होने वाले परिवर्तन मान लेती है। निम्न प्रकृति में होने वाले परिवर्तनों को स्वयं में होने वाले परिवर्तन मानने तथा स्वयं को कर्ता मान लेने के ज्ञारण ही आत्मा को सन्निहित आत्मा कहा जाता है, वास्तव में तो

यह ईश्वर का ही अंश है। ईश्वर का अंश होने के कारण सन्निहित आत्मा का अलग अस्तित्व होना सिद्ध नहीं किया जा सकता है। क्योंकि यह स्वयं ईश्वर ही है। जब यह कर्ता और भोगी होने के बंधन से मुक्त हो जाती है तब इसे उच्च प्रकृति अथवा सन्निहित आत्मा नहीं कहा जा सकता है। जो कुछ भी हम देख सकते हैं, सुन सकते हैं, छू सकते हैं, सूंघ सकते हैं या समझ सकते हैं वह सब मिथ्या है क्योंकि वह सदा परिवर्तनशील है। जो कभी नहीं था उसका अस्तित्व नहीं हो सकता है, और जिसका अस्तित्व है वह कभी अस्तित्वहीन नहीं हो सकता है। जिस वस्तु का भी कोई नाम तथा रूप है वह एक दिन उस नाम तथा रूप को खो देती है। सत्य वो है जिसमें कभी बदलाव नहीं होता है और जो हर समय एक सा ही रहता है। यही ज्ञान है और यही ज्ञानयोग का निचोड़ है।

रेडियो स्टेशन से निकलने वाली ध्वनि तरंगें चारों ओर फैल जाती हैं लेकिन उन्हें तब तक कोई सुन नहीं सकता है जब तक कोई ऐसा यंत्र न हो जिससे ध्वनि को सुना जा सकता हो। इसका अर्थ यह नहीं है कि यदि ऐसा यंत्र न हो तो ध्वनि तरंगों

का अस्तित्व नहीं है। इसी प्रकार चेतना अर्थात आत्मा सर्वव्यापी है लेकिन यह तभी अभिव्यक्ति पाती है जब इसे मन-बुद्धि उपकरण से युक्त कोई शरीर प्राप्त होता है। लेकिन ध्वनि तरंगों के विपरीत आत्मा गतिहीन है। एक ऐसे भवन का उदाहरण लें जिसके अंदर भी रिक्त स्थान अर्थात अंतरिक्ष होता है और उसके बाहर भी। यदि उस भवन की दीवार को गिरा दिया जाए तो अंदर का रिक्त स्थान अर्थात अंतरिक्ष बाहर के अंतरिक्ष में विलीन हो जाता है। इसमें किसी प्रकार की गतिविधि नहीं होती है।

ऐसा माना जाता है कि ब्रम्हाण्ड ईश्वर से ही निकलता है, ईश्वर में ही निवास करता है और अंत में ईश्वर में ही समा जाता है। लेकिन गीता में कहा गया है कि ईश्वर ब्रम्हाण्ड में निवास नहीं करते हैं। इसमें एक विरोधाभास लग सकता है। वास्तव में यदि भगवान् ब्रम्हाण्ड में निवास करते तो समय के साथ ब्रम्हाण्ड के क्षीण तथा अंत होने के साथ भगवान् भी क्षीण हो जाते तथा उनका अंत हो जाता। यह तो संभव ही नहीं है। भगवान् ने यह भी कहा है कि प्राणी उनमें निवास नहीं करते हैं। कारण है कि

यदि प्राणियों का वास भगवान् में होता तो प्राणियों में न तो कोई परिवर्तन आता और न ही वे नष्ट होते। ऐसा भी नहीं होता है। लहरों का जल के सिवा अपना कोई अस्तित्व नहीं होता क्योंकि लहरें पानी में हैं और पानी लहरों में है। इसी प्रकार सृष्टि का अपना कोई अस्तित्व नहीं है। यह ईश्वर से निकलती है और प्रतीत रूप से उन्हीं में निवास करते हुए उन्हीं में विलीन हो जाती है। मिट्टी के बर्तन मिट्टी के अलावा कुछ और नहीं हैं। ऐसा प्रतीत होता है कि इन बर्तनों में मिट्टी है और वे मिट्टी में हैं। परन्तु वास्तव में ऐसा नहीं है। यदि मिट्टी बर्तनों में होती तो बर्तन के नष्ट होते ही मिट्टी को भी नष्ट हो जाना चाहिए। लेकिन ऐसा नहीं होता है। इसी प्रकार यदि बर्तन मिट्टी में होते तो वे मिट्टी की भांति कभी नष्ट नहीं हो सकते हैं। ऐसा भी नहीं होता है। अतः मिट्टी के बर्तन मिट्टी में नहीं हैं। इसी प्रकार न तो ईश्वर ब्रम्हाण्ड में निवास करते हैं और न ही ब्रम्हाण्ड का निवास ईश्वर में है। जब हवा चलती है तो अंतरिक्ष वैसे का वैसा ही रहता है।

भगवान् को न तो विद्यमान कहा जा सकता है और न ही अविद्यमान। जैसे कि सूर्य रात और दिन

से अलग है, इसी प्रकार भगवान् भी विद्यमान और अविद्यमान की सीमाओं से परे हैं। वे सभी जीवों के भीतर भी हैं और बाहर भी और उन्हीं से चल और अचल सृष्टि का अस्तित्व है। ईश्वर सूक्ष्म हैं। उन्हें जाना नहीं जा सकता है। वे अविभाज्य हैं फिर भी ऐसा लगता है कि वे सभी जीवों में उपस्थित हैं। कोई भी एक लहर पूरा समुद्र नहीं है तथा सभी लहरें मिलाकर भी पूरा समुद्र नहीं है। लहरें समुद्र की प्रकृति होते हुए भी हम नहीं कह सकते हैं कि समुद्र लहरों से जुड़ा हुआ है लेकिन विमुख होते हुए भी समुद्र के सहारे के बिना लहरों का अस्तित्व नहीं है। कपास कपड़े में है लेकिन कपड़ा कपास नहीं है। फिर भी कपास के बिना कपड़े का अस्तित्व नहीं।

हम सब ने अनुभव किया है कि जब आकाश में बादल होते हैं और सूर्य दिखाई नहीं देता है तो हम कहते हैं कि बादलों ने सूर्य को ढक लिया है। वास्तव में सूर्य का आकार इतना बड़ा है कि कोई बादल उसे ढक ही नहीं सकता है। हम अपनी आँखों के सीमित दृष्टि विस्तार के कारण यह समझते हैं कि छोटे से बादल ने सूर्य को ढक दिया है। हमें

समझना चाहिए कि यदि हम एक उंगली आँख के बहुत निकट लाएं तो उसके पीछे एक पर्वत भी छुप सकता है। इसका अर्थ यह नहीं है कि पर्वत का अस्तित्व ही समाप्त हो गया है। ईश्वर के साथ हमारा अलगाव भी इसी प्रकार है क्योंकि अज्ञान के कारण अहम् ने हमारी बुद्धि को ढका होता है। ईश्वर तो सदा विद्यमान हैं, केवल अज्ञान और अहम् हमारे बोध में बाधक हैं। जैसे ही अज्ञान हट जाता है सत्य प्रकट हो जाता है, जैसे कि बादलों के छटने से सूर्य दिखने लगता है।

वाहन के चलने के लिए ईंधन आवश्यक है। ईंधन मिलते ही वही वाहन आपको कई स्थानों पर ले जा सकता है, आपके लिए कोई रेस जीत सकता है या अधिक गति अथवा चालक की भूल से दुर्घटनाग्रस्त हो सकता है। यह सभी उपलब्धियां ड्राइवर की हैं और इसके लिए ईंधन की प्रशंसा अथवा उसे कोई दोष नहीं दिया जा सकता है। ईंधन को न तो उस चालक से कोई लगाव होता है जो अपने गंतव्य तक पहुँच जाता है और न ही उस व्यक्ति से कोई दुश्मनी है जो दुर्घटना कर देता है। ईंधन इंजन को बिना किसी राग अथवा द्वेष

के शक्ति प्रदान करता है। खाना पकाने की गैस स्वादिष्ट खाना बनाने में मदद करती है लेकिन वही गैस, यदि हम सावधान न हों, तो भोजन को जला भी सकती है। बिजली हमारा जीवन सरल करने के लिए बड़ी बड़ी सुविधाओं को चलाती है। उसी बिजली को छूने से मनुष्य की मृत्यु भी हो सकती है। वाहन का ईंधन, खाना बनाने की गैस और बिजली आदि हमारे जीवन में ऊर्जा की आवश्यकता को पूरा करते हैं। लेकिन यह शक्ति तभी लाभदायक हैं जब हम इनका उपयोग बुद्धिमत्ता से करें। इसी प्रकार ईश्वर की शक्ति बिना किसी भेदभाव के सबके लिए है लेकिन यह हम पर निर्भर है कि अपने मोक्ष के लिए भगवान् की इस कृपा का कैसे उपयोग करना है। प्रकृति के संसाधन तथा ईश्वर की कृपा सबके लिए सामान रूप से है और मनुष्य सही मार्ग का चुनाव करने के लिए स्वतंत्र है।

ज्ञान तीन प्रकार का होता है। सात्त्विक ज्ञान से यह ज्ञात होता है कि अविनाशी ईश्वर प्रत्येक जीव में विद्यमान है और अविभाजीय है, अर्थात हर एक में अलग अलग नहीं है। यह ज्ञान ब्रम्हांड की अन्तर्निहित एकता को मानता है। राजसिक ज्ञान में

भावावेश की प्रधानता होती है। ऐसा इसलिए होता है क्योंकि भावावेश से उत्पन्न लगाव तथा विमुखता के कारण मनुष्य देवताओं, जानवरों, वृक्षों आदि में उनके आकार, रूप तथा गुणों के आधार पर विविधता देखता है। यह मानते हुए भी कि ईश्वर एक हैं, मनुष्य कामना और लगाव के कारण भगवान् तथा देवताओं के अलग अलग रूपों की आराधना करने लगता है, इस आशा में कि इनमें से कोई तो उसकी कामना की पूर्ति कर ही देगा। राजसिक ज्ञान वाला व्यक्ति सचेतन तथा जड़ के बीच अंतर नहीं कर पाता है। तामसिक ज्ञान वाला व्यक्ति विनाशी शरीर को 'स्वयं' मान लेता है। आत्मा को शरीर मानकर वह भ्रम में उलझा रहता है।

ज्ञानमार्ग भक्ति मार्ग से बहुत भिन्न है। ईश्वर प्राप्ति के लिए ईश्वर के प्रति अप्रतिबंधित और बिना किसी शर्त की भक्ति का मार्ग ही भक्ति पथ है। भक्तियोगी हर प्राणी में ईश्वर को ही देखता है और उस प्राणी से उसी प्रकार से व्यवहार करता है। भक्तियोगी प्रत्येक कार्य ईश्वर का गुणगान करते हुए करता है और उन्हीं को सौंप देता है। भक्तियोगी का हृदय प्रेम और दया से परिपूर्ण तथा पवित्र होता

है। अपने सभी कार्य ईश्वर को सौंप कर वह उनकी कृपा मांगता है। वह अपने लिए कुछ नहीं मांगता है बल्कि हमेशा विश्व कल्याण के लिए ही प्रार्थना करता है।

भक्तिमार्ग के साधक दो प्रकार के होते हैं। कुछ साधक साकार ईश्वर की साधना करते हैं। वे ईश्वर की साधना एक मानव अथवा किसी अन्य जीव के रूप में, यहां तक कि किसी जड़ वस्तु के रूप में भी करते हैं। ईश्वर की आराधना किसी रूप में करने से ध्यान में एकाग्रता प्राप्त करना सुगम होता है। ईश्वर का मानव रूप में चित्रण अधिक प्रचलित है क्योंकि ऐसा करने से मनुष्य उनकी जीवन गाथा तथा गौरव से स्वयं को आसानी से जोड़ पाता है और उनकी कथा में वर्णित उनके उदाहरणों एवं कार्यसिद्धियों का अनुकरण करने का प्रयास करता है। मूर्ति ईश्वर के सूक्ष्म सत्य का केवल एक प्रतीक होती है। मूर्ति को ईश्वर मान लेना साधन को लक्ष्य मान लेने के समान है। इसी नासमझी के कारण ही उस कट्टरवाद का जन्म होता है जो कि प्रतिस्पर्धा और ईर्ष्या की ओर ले जाता है। दूसरे प्रकार के साधक आकारहीन और गुणहीन निराकार ईश्वर

की उपासना करते हैं। निराकार ब्रम्ह की उपासना में मन की चंचलता पर नियंत्रण करना कठिन होता है। निराकार की उपासना में मन और इन्द्रियों पर नियंत्रण आवश्यक है क्योंकि जब तक विषय वस्तुओं में लगाव समाप्त नहीं हो जाता है तब तक ईश्वर की प्राप्ति कठिन है। निराकार ब्रम्ह की उपासना रूखी और कठोर होने के कारण एकाग्रता प्राप्त करना कठिन होता है। शरीर तथा विषय वस्तुओं से लगाव रखने वाले व्यक्ति के लिए तो यह और भी कठिन है।

लोग अपनी कामनाओं की पूर्ति के लिए धार्मिक स्थलों पर जाते हैं। वे देवी देवताओं से मोल-भाव करके अपनी कामना पूर्ति हो जाने के बदले में तरह तरह के वायदे करने लगते है। अधिकाँश लोग समझते हैं कि उन्हें तो केवल किसी व्रत का, किसी दान का या किसी अन्य त्याग का वायदा ही तो करना है। वे यह भी नहीं सोचते हैं कि जो वस्तु वे मांग रहे हैं उससे किसी अन्य की हानि भी हो सकती है। वे चाहते हैं कि भगवान् उनकी प्रार्थना के बदले उन्हें कई गुना दें तथा उसी रूप में दें जिसकी वे प्रार्थना कर रहे है। कुछ लोग बहुत सी

भीड़ एकत्रित करके शोर मचाने वाले वाद्य यंत्रों की सहायता से पाठ और कीर्तन करते हैं। उन्हें विश्वास है कि वो जितना अधिक शोर करेंगे ईश्वर को उनकी बात सुनने में उतनी अधिक सुविधा होगी। इस प्रकार के दिखावे में वे यह भूल जाते हैं कि उनके द्वारा किये जा रहे शोर से बीमारों और वृद्धों को कितनी परेशानी होती है। उन्हें स्मरण रखना चाहिए कि प्रार्थना भक्त और भगवान् के बीच का संवाद है और इसे जितनी शांति से संभव हो, करना चाहिए।

प्रार्थना के भी दो वर्ग होते हैं। पहले वर्ग में वो प्रार्थनाएं आती हैं जो कि किसी सांसारिक इच्छा की पूर्ति के लिए की जाती है। पूजा पाठ करने वाले अधिकांश लोग इसी वर्ग में आते हैं। ऐसे लोग एक व्यक्तिगत देवी-देवता में विश्वास रखते है जिन पर उन्हें भरोसा है कि वे उनकी प्रार्थना तथा उनके द्वारा चढ़ाई गयी भेंट के आधार पर उन्हें इच्छित वस्तु प्रदान कर देंगे। उनकी कुछ कामनाएं तो पूरी हो जाती हैं और कुछ कामनाएं पूरी नहीं होती हैं। जो कामनाएं पूरी नहीं होती हैं उसके लिए वे भाग्य को जिम्मेदार मानते हैं। पूरी होने वाली कामनाओं के कारण उनका उस देवी-देवता पर विश्वास और

बढ़ जाता है और वे उससे और अधिक प्राप्त करने के लिए आते रहते है। बात फैल जाती है और वे देवी-देवता और अधिक प्रचलित हो जाते हैं। कई साधक शिकायत करते हैं कि वे बहुत दिनों से प्रार्थनाएं कर रहे हैं लेकिन उन्हें इच्छित फल प्राप्त नहीं हुआ है। उन्हें आश्चर्य होने लगता है कि ईश्वर उनकी प्रार्थना क्यों नहीं सुन रहे हैं। जब व्यक्ति प्रार्थना से थक जाता है तो भगवान् पर ही प्रश्न उठाने लगता है। प्रार्थना का ऐसा दिखावा बनावटी है। यह आशा करना लालच है कि आपकी प्रार्थनाओं से आपको आपकी इच्छानुसार फल प्राप्त होगा। दूसरे वर्ग की प्रार्थनाएं किसी विषय वस्तु के लिए नहीं बल्कि भक्ति के लिए होती है। ये प्रार्थनाएँ आध्यात्मिक उद्देश्य और मोक्ष प्राप्ति के लक्ष्य से होती हैं। ये किसी विशेष देवी-देवता के लिए न हो कर व्यक्तिगत आध्यात्मिक कल्याण के लिए होती हैं। ऐसी भक्ति धीरे धीरे हमारे मन और सोच में बदलाव लाकर हमें अलगाव तथा उदासीनता की ओर ले जाती है। प्रार्थना अंतर्मन से होनी चाहिए। प्रार्थना में केवल भक्ति और समर्पण का भाव होना चाहिए। समर्पण का यह अर्थ नहीं है कि अपना सब

कुछ त्याग कर दो। समर्पण का वास्तविक अर्थ है स्वामित्व की धारणा का त्याग। यदि प्रार्थनाओं का उत्तर नहीं मिलता है तो मनुष्य को अपनी भक्ति की कमियों को पहचान कर उन्हें दूर करने का प्रयास करना चाहिए। सदैव प्रभु के प्रति कृतज्ञता का भाव रखने से मनुष्य भक्तिमार्ग पर दृढ रहता है और शीघ्र ही प्रभु कृपा को पा लेता है। ईश्वर को पाने के लिए उनमें मन और बुद्धि को उनमें केंद्रित करना आवश्यक है। अक्सर लोगों का विश्वास होता है प्रभु की प्राप्ति केवल पवित्र कर्म करने, अच्छा व्यवहार रखने, एकांत में प्रार्थना आदि करने से ही होता है। भक्ति मार्ग पर चलने वाले साधकों के लिए अलगाव और उदासीनता बहुत आवश्यक हैं। कुछ साधक भौतिक त्याग में विश्वास रखते हैं और इसलिए एकांतवास को अधिक महत्त्व देते हैं। वे वस्तुओं से दूर चले जाना उचित समझते हैं। उनका भौतिक त्याग उपयोगी हो सकता है लेकिन केवल भौतिक त्याग करने से पूर्णता प्राप्त नहीं हो सकती है। पूर्णता प्राप्त करने के लिए आमोद प्रमोद से उदासीनता और शरीर, इन्द्रियों, मन और बुद्धि से अलगाव आवश्यक है। जब साधक समाज से दूर

एकांत में रहता है तो उसमें अहम् के जन्म लेने की सम्भावना बढ़ जाती है। कल्याण कार्यों में रम जाने से ही इस अहम् का नाश हो सकता है। किसी साधक के लिए सदा एकांत में रहना वैसे भी संभव नहीं है क्योंकि शरीर के रखरखाव के लिए उसे समाज में लौटना ही पड़ता है।

प्रभु प्राप्ति के तीनों मार्ग, अर्थात ज्ञानयोग, कर्मयोग और भक्तियोग एक ही लक्ष्य की ओर ले जाते हैं। कर्मयोग में, साधक न तो किसी का बुरा सोचता है, न बुरे की कामना करता है और न ही किसी का बुरा करता है। ज्ञान योग का साधक न तो खुद के लिए कुछ चाहता है और न ही अपने लिए कुछ करने का विचार रखता है। कर्मयोग की भांति ज्ञानयोग में भी पूर्णता प्राप्त करने के लिए साधक बिना लगाव के सभी जीवों के कल्याण के लिए कार्य करता है। कर्मयोगी अपने तीनों शरीरों, अर्थात स्थूल, सूक्ष्म तथा कारण, को संसार की धरोहर मानते हैं और उन्हें संसार की सेवा में ही लगा देते हैं। ज्ञानयोगी स्वयं को ब्रम्ह से जोड़ता है। इस प्रकार कर्मयोगी अचेतन तत्वों से जुड़ता है और

ज्ञान योगी चेतन तत्वों से। एक प्रकार से कर्मयोग तथा ज्ञानयोग एक दूसरे के पूरक हैं। कर्मयोग द्वारा सुख की इच्छा का अंत किया जाता है और ज्ञानयोग द्वारा ज्ञान की चाह पूरी हो जाती है। साधक जो कर्मयोग तथा ज्ञानयोग में से किसी भी मार्ग पर दृढ़तापूर्वक चल रहा है, उसे दोनों का लाभ मिलता है। जब सुख की कामना समाप्त हो जाती है तो ज्ञान की कामना पूर्ण हो जाती है, और जब ज्ञान की कामना पूर्ण हो जाती है तो सुख की कामना समाप्त हो जाती है। दोनों ही प्रकार से अलगाव स्वतः ही पैदा हो जाता है।

ज्ञानयोग में कर्मयोग का पालन करने की आवश्यकता होती है जबकि कमयोग में ज्ञानयोग का पालन करने का कोई पूर्वाग्रह नहीं है। कर्मयोगी आरम्भ से ही सन्यासी होता है। कर्मयोग की साधना का मार्ग एक ऐसा मार्ग है जिसका हर कोई हर परिस्थिति में अनुपालन कर सकता है। ज्ञानयोगी तथा कर्मयोगी, दोनों को सांसारिक संबंधों का त्याग करना पड़ता है। ज्ञानयोगी अपने कर्तापिन का अंत विवेक तथा उदासीनता से करता है जबकि

कर्मयोगी फल की इच्छा के बिना दूसरों के कल्याण के लिए कर्म करके इसका त्याग करता है। यदि साधक कर्तापन का त्याग कर देता है तो उसकी फल की कामना स्वतः ही समाप्त हो जाती है और यदि वह फल की कामना का अंत कर देता है तो उसका कर्तापन भी स्वतः ही समाप्त हो जाता है। दूसरों के कल्याण के लिए कार्य करने के कारण कर्मयोगी का अहम् अधिक सरलता तथा शीघ्रता से समाप्त हो जाता है। ज्ञानयोगी का अहम् समाप्त होने में समय लग सकता है क्योंकि वह स्वयं को मोक्ष का साधक मानता है और केवल स्वयं के मोक्ष के लिए कार्य करता है। कर्मयोगी के लिए सांसारिक वस्तुओं का त्याग सरल है क्योंकि इनका उपयोग वह दूसरों के लिए करता है, जबकि ज्ञानयोगी की विरक्ति यदि गूढ़ नहीं हुई तो उसे अधिक समय लग सकता है।

परम स्थिति जो ज्ञानयोगी को प्राप्त होती है वही कर्मयोगी को भी प्राप्त हो सकती है। जड़ और चेतन के बीच का अंतर पहचानने के लिए कर्मयोगी के अंदर ज्ञानयोगी का विवेक होना आवश्यक है।

इसी प्रकार ज्ञानयोगी की अपने लिए कर्म न करने का कर्मयोगी का गुण अपनाना आवश्यक है। आत्मा और संसार का भेद जानने के लिए ज्ञानयोगी का विवेक चाहिए तथा विश्व की सेवा करने के लिए कर्मयोग की आवश्यकता है। स्वयं के शरीर से अलगाव तथा शरीर को दूसरों का मानना, दोनों का उद्देश्य और फल एक ही है।

कर्मयोगी तथा ज्ञानयोगी का अहम् समय के साथ विलुप्त होता है लेकिन भक्तियोगी का अहम् तो आरम्भ में ही नष्ट हो जाता है क्योंकि वह शुरू से ही स्वयं को भगवान् को पूरी तरह समर्पित कर देता है। भक्तियोगी में सभी के लिए मित्रभाव, करुणा आदि जैसे गुण भरपूर होते हैं जो कि ज्ञानयोगी तथा कर्मयोगी में कम ही पाए जाते हैं। भक्तियोगी आरम्भ से ही स्वयं को महत्वहीन मानता है। कर्मयोग और ज्ञानयोग के साधक अपनी अपनी श्रद्धा और विश्वास के अनुसार चलते हैं और कर्म करते हैं जबकि भक्तियोग का साधक स्वयं को ईश्वर को पूरी तरह सौंप देता है। उसे अपने मोक्ष अर्थात और प्रभु प्राप्ति की कोई चिंता नहीं होती है। उसे अपने पहनावे तथा संसाधनों की भी कोई

फ़िक्र नहीं होती है। उसके शरीर के रखरखाव का ध्यान भगवान् स्वयं रखते हैं।

तीनों मार्गों के बीच की गयी उपरोक्त तुलना का प्रयास किसी मार्ग को ऊंचा नीचा दिखाने के उद्देश्य से नहीं बल्कि मार्ग के पालन में कठिनाई और उसमें होने वाली सफलता की संभावना के विचार से किया गया है। इस मापदंड पर भक्तियोग सबसे ऊपर है और उसके बाद कर्मयोग और ज्ञानयोग, इस क्रम में आते हैं। ज्ञानयोग में साधक सत्य और असत्य के बीच विवेकपूर्वक अंतर समझ के असत्य का त्याग करता

है। इसी कारणवश ज्ञानयोग में असत्य के त्याग में अधिक समय लगता है। कर्मयोग में संसाधनों को दूसरों की सेवा में लगा देने से उनका त्याग सरल हो जाता है। भक्तियोग में संसार को भगवान् का मान लेने के कारण त्याग सबसे सरल है। कर्मयोगी और ज्ञानयोगी में समता होती है लेकिन मित्रभाव तथा कोमलता नहीं होती है। भक्तियोगी में यह तीनों गुण आरम्भ से ही होते हैं। ज्ञानयोग के पथ में एकांत की प्रधानता होती है और एकांत काफी शुष्क होता है।

एकांत और उदासीनता के कारण ज्ञानयोगी बाहर से तो कठोर लगता है लेकिन अंदर से इतना कठोर नहीं होता है। भक्तियोगी सदैव प्रसन्न रहता है और दूसरों को भी प्रसन्नता देता है।

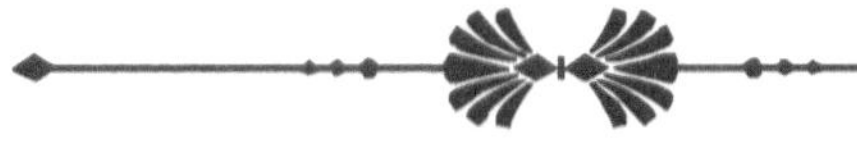

8

धर्म

|| तू शास्त्र विधि से नियत किये हुए कर्तव्य कर्म कर, क्योंकि कर्म न करने की अपेक्षा कर्म करना श्रेष्ठ है .... गीता : 3:8 ||

प्रत्येक कार्य को व्यावहारिकरूप से कुशलतापूर्वक दूसरों के लाभ और बिना किसी को हानि पहुंचाए करने को धर्म कहते हैं। धर्म का अर्थ मन की शुद्धता और शांति है। धर्म का अर्थ सही व्यवहार है जिसमें कर्तव्य, आचरण, गुण और जीवन शैली आदि सभी शामिल हैं। वे सभी कार्य अधर्म हैं जो व्यभिचारपूर्ण हैं, अनैतिक हैं, प्रकृति के

विरुद्ध हैं, गलत हैं और गैर कानूनी हैं। वात्स्यायन ने शरीर, वाणी और मन के धर्म और अधर्म का वर्णन किया है। शरीर का धर्म है परोपकार करना, दूसरों की सेवा करना, विपत्ति में आये व्यक्तियों को राहत पहुंचाना आदि, और शरीर के अधर्म हैं चोरी करना और हर प्रकार की हिंसा करना, आदि। वाणी का धर्म है बोले हुए तथा लिखित शब्दों में सत्य का पालन करना , निष्कपट होना तथा ईमानदार होना। इसमें अच्छे इरादे से बोलना, सौम्यता और दयालुता भी शामिल हैं। वाणी का अधर्म है झूठ बोलना, कड़वा बोलना, झूठ बोलना और असंगत बोलना आदि। मन का धर्म है दया और निर्लिप्तता तथा मन का अधर्म है दुर्भावना, लोभ, अनैतिकता और स्वार्थ आदि। जब हम अपने साथ साथ दूसरों की आवश्यकताओं का भी ध्यान रखते हैं तो हम धर्म मार्ग पर होते हैं और जब हम दूसरों की चिंता किये बिना केवल अपने स्वार्थ पर केंद्रित रहते हैं तो हम अधर्म का पालन करते हैं।

धर्म शब्द अक्सर धार्मिक विश्वास और धार्मिक पहचान के साथ भ्रमित किया जाता है। धर्म का तात्पर्य किसी व्यक्ति या वस्तु के प्रति नैतिक

प्रतिबद्धता अथवा दायित्व की भावना से है। अपने विश्वास का अनुसरण करने में कुछ भी गलत नहीं है, लेकिन कट्टर रूप से अपने चुने हुए रास्ते का अनुसरण करने से हम दूसरों के लिए अपने मूल कर्तव्यों को भूल जाते हैं। जब कोई अपने कर्तव्य को जान लेता है तो वह अपने बारे में न सोच कर कर्तव्य पालन में जुट जाता है। हो सकता है कि ऐसे में उसे अपने कुछ तात्कालिक हितों का बलिदान करना पड़ जाए।

जिन संस्कारों के साथ मनुष्य ने जन्म लिया है उन्हें स्वधर्म अथवा प्राकृतिक कर्तव्य कहते हैं। उस जन्म के कर्तव्य तथा व्यवसाय उसके स्वधर्म हैं। केवल यह ध्यान रखना आवश्यक है कि वह स्वधर्म शास्त्रों में प्रतिबंधित न हो। यदि प्रतिबंधित है तो वह अधर्म होगा। यहाँ एक शंका उत्पन्न होती है। क्या कसाई के घर में जन्मे व्यक्ति को उत्तराधिकार में पाया हुआ कसाई का कार्य करते रहना चाहिए? क्या वह पाप का भागी नहीं होगा? वे सभी कार्य जो दूसरों के लिए हानिकारक हों, प्राकृतिक कर्तव्य नहीं कहे जा सकते हैं। वर्जित कर्म सदा हानिकारक होते हैं अतः उनका त्याग कर देना चाहिए। मनुष्य

का जन्म किसी परिवार में अपने पूर्व कर्मों का फल भोगने के लिए होता है न कि पापकर्म करने के लिए। वह अपने कर्मों का चुनाव करने के लिए स्वतंत्र है। यदि उसका मन पवित्र हो गया तो वह कभी भी पशु हत्या नहीं कर सकता है। पारिवारिक व्यवसाय कह कर और उसे अपना प्राकृतिक कर्तव्य मानकर यदि वह पशु हत्या करता रहता है तो वह केवल पाप ही एकत्रित करेगा।

शास्त्र हमें दो प्रकार के कर्मों को करने की अनुमति देते हैं - विहित कर्म तथा नियत कर्म। विहित कर्म शास्त्रों में वर्णित हैं जैसे कि व्रत, पूजा पाठ आदि। शास्त्रों में दिए गए विहित कर्मों की संख्या बहुत अधिक है। रोजमर्रा के जीवन में बहुत सी जिम्मेदारियों तथा व्यस्तता के कारण मनुष्य के लिए सभी विहित कर्मों का पालन करना कठिन होता है। लेकिन वर्जित कर्मों का त्याग करना अधिक सुगम है और सभी को इसका प्रयास करना चाहिए। दूसरी ओर नियत कर्म वे होते हैं जो हम परिस्थिति, जीवन की स्थिति और प्रकृति के अनुसार करते हैं। नियत कर्म जीवनयापन, जीवन की जिम्मेदारियों तथा वचनबद्धताओं को निभाने के लिए किये जाते

हैं। अपनी स्थिति तथा जीवन की परिस्थितियों से सम्बंधित कर्तव्य स्वयं के कर्तव्य होते हैं तथा शेष, अन्य के कर्तव्य माने जाते हैं। भले ही योग्यता से रहित हों लेकिन स्वयं के नियत कर्म करना किसी अन्य के कर्म को अच्छे से करने से कहीं उत्तम है। हो सकता है कि अन्य के कर्म बाहर से सराहनीय, आकर्षक तथा धन, ऐशो-आराम, सम्मान और यश देने वाले लगें लेकिन वे वर्जित हैं। दूसरी ओर अपना कर्तव्य चाहे कठिन हो, धन, ऐशो-आराम सम्मान और यश देने वाला न हो, लेकिन ऐसे कर्तव्य का पालन बिना फलेच्छा के, बिना अहम् के और बिना लगाव के करना आवश्यक है। सांसारिक वस्तुओं से अलगाव रखना अपना कर्तव्य है जबकि आसक्ति रखना अन्य का कर्तव्य है। निस्वार्थ सेवा करना स्वयं का कर्तव्य है जबकि फलेच्छा रखना अन्य का कर्तव्य है। अपने सभी कर्मों को गंभीरता, ईमानदारी और पूरी योग्यता से करना स्वयं का कर्तव्य है, जबकि धोखाधड़ी करना, लालच करना और स्वार्थी होना अन्य का कर्तव्य है। मोक्ष का प्रयास करना हमारा कर्तव्य है जबकि आमोद-प्रमोद के पीछे भागना अन्य का कर्तव्य है।

गीता के अठारवें अध्याय में चारों वर्णों की मूलभूत प्रकृति के अनुसार कर्तव्यों के बारे में वर्णन है। यह कर्तव्य उनके लिए प्राकृतिक हैं तथा इनका पालन करने में उन्हें कोई भी कठिनाई नहीं होती है क्योंकि उनका स्वभाव इनके अनुकूल होता है। शांति, इंद्रियों पर नियंत्रण, तपस्या, पवित्रता, क्षमा तथा ईमानदारी ब्राम्हणों की मूलभूत प्रकृति तथा स्वभाव है। वीरता, तेज, दृढ़ता, निर्भयता, निपुणता, उदारता और अधिकार का प्रदर्शन करने की क्षमता क्षत्रियों की मूलभूत प्रकृति तथा स्वभाव हैं। खेतीबाड़ी, पशुपालन, उद्योग तथा व्यापार वैश्यों की तथा सेवा के लिए कर्म करना शूद्रों की मूलभूत प्रकृति तथा स्वभाव हैं।

9

वर्ण वर्गीकरण

लगातार विकास करते करते ही अंत में मनुष्य जन्म की प्राप्ति होती है। अपने पूर्व जन्मों के गुणों तथा कर्मों के आधार पर ही जीव मनुष्य जन्म पाता है। किसी भी जन्म में उसे वह परिवार तथा वातावरण मिलता है जो कि उसके पूर्व कर्मों का फल भोगने के लिए उपयुक्त है। उसे दिया गया वातावरण उसके आध्यात्मिक विकास के लिए भी सर्वोचित होता है। वर्तमान जन्म में उसका व्यवहार

उसके द्वारा संचित संस्कारों पर निर्भर होता है। हर व्यक्ति अपनी विशेष योग्यताओं के साथ जन्म लेता है। परिवार का प्रभाव तो होता है लेकिन इसका अर्थ यह नहीं है कि उसके अंदर अपने पूर्वजों की प्रतिभा तथा झुकाव स्वतः ही आ जायेंगे और वह पारिवारिक व्यवसाय में स्वतः ही सफलता पा लेगा। व्यक्तिगत स्वभाव के कारण सब में अंतर स्पष्ट दिखाई देता है। स्वभाव में इसी अंतर को आधार मानते हुए सम्पूर्ण मनुष्य जाति को चार वर्णों में विभाजित किया गया था।

गीता में ब्राम्हण को ईश्वर के विश्वरूप का स्वर कहा गया है। इसका अर्थ है कि ब्राम्हणों के पास ज्ञान होने के कारण वे चारों वर्णों के लोगों को शिक्षित करते हैं और उपदेश देते हैं। क्षत्रिय को ईश्वर के विश्वरूप का बाजू और हाथ कहा गया है क्योंकि क्षत्रियों पर चारों वर्णों के लोगों की रक्षा का भार होता है। वो और बात है कि विपत्ति आने पर सभी वर्ण के लोगों की जिम्मेदारी है कि वे अपनी, अपने प्रियजनों की तथा अपनी संपत्ति की रक्षा स्वयं करने को तत्पर रहे। वैश्य को ईश्वर के विश्वरूप का

पेट कहा गया है। जिस प्रकार पेट भोजन को ग्रहण करके उसे पचाने तथा शरीर के अंगों का पोषण करने का कार्य करता है ठीक उसी प्रकार वैश्य का कर्तव्य है कि वह सामग्री एकत्रित करके लोगों की आवश्यकता एवं मांग के अनुसार उसे एक स्थान से दूसरे स्थान तक पहुंचाए। खेतीबाड़ी और व्यापार से वैश्य चारों वर्णों की आवश्यकताओं की पूर्ति करता है। शूद्र को ईश्वर के विश्वरूप का पाँव कहा गया है। जिस प्रकार से पाँव सम्पूर्ण शरीर के भार का वहन करते हैं ठीक उसी प्रकार शूद्र चारों वर्णों के लोगों की सेवा करते हैं।

चारों वर्णों के कर्तव्य, जो कि उनकी प्रकृति के अनुरूप मूलभूत हैं, उनका वर्णन गीता के अठारहवें अध्याय में किया गया है। ब्राह्मण के स्वभाव के अनुरूप कर्तव्य, आंतरिक शांति, इंद्रियों पर नियंत्रण, तप, पवित्रता, क्षमा, ईमानदारी, बुद्धिमत्ता और यज्ञ के उचित निष्पादन की योग्यता आदि हैं। सत्त्व गुण की प्रमुखता से युक्त ब्राह्मण के लिए उपरोक्त विशेषताएं स्वाभाविक हैं। इनमें से कोई भी गुण आजीविका की कमाई से संबंधित

नहीं है। अपनी आजीविका तथा अपने अस्तित्व की रक्षा के लिए उन्हें दूसरों पर निर्भर रहना पड़ता है। अपने स्वभाव के अनुरूप क्षत्रिय के कर्तव्य वीरता, तेज, दृढ़ता, निपुणता, वीरता, उदारता और नेतृत्व हैं। वैश्य के स्वभाव के अनुरूप उनके कर्तव्य खेतीबाड़ी तथा व्यापार हैं। इसी प्रकार स्वभाव के अनुरूप शूद्र का कर्तव्य सेवा है। जन्म से मात्र दिखावा करने से मनुष्य की जाति निश्चित नहीं होती है। यह चार वर्ण केवल चार प्रकार के व्यक्तियों को प्रदर्शित नहीं करते हैं बल्कि ये चार प्रकार के विचार और मनःस्थितियों को दर्शाते हैं।

मनुष्य की क्षमताओं और प्रकृति के अनुसार उन्हें चार वर्णों में बांटने का मात्र उद्देश्य था कि उनका स्वधर्म पहचाना जा सके और वे समाज में अपना सर्वोच्च योगदान दे सकें। पुराने समय में आश्रम प्रथा द्वारा शिक्षा देने की व्यवस्था प्रचलित थी। इसमें सभी बच्चों को एक ही वातावरण में रखा जाता था तथा उनके शिक्षकों द्वारा सावधानीपूर्वक उन पर नजर रखी जाती थी। कुछ समय की देखरेख के पश्चात उनकी क्षमताओं तथा झुकाव के अनुसार

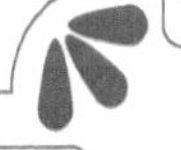

उनके वर्ण के विषय में निर्णय लिया जाता था। यह संभव है कि एक क्षत्रिय के बालक में चतुर व्यापार कौशल हो। ऐसे बालक को वैश्य वर्ण दे दिया जाता था। इसी प्रकार एक वैश्य पुत्र यदि ब्राह्मण के गुणों का प्रदर्शन करे तो उसे ब्राह्मण वर्ण का घोषित कर दिया जाता था।

मूलभूत विशेषताओं के होते हुए भी शिक्षा की यह व्यवस्था धीरे धीरे क्षीण हो गयी परन्तु जाति प्रथा समाज में दृढ हो गयी। जातियों की श्रेष्ठता और हीनता को परिभाषित करके सामाजिक विभाजन पैदा करने वाला वर्गीकरण बनाया गया और उनका शोषण किया गया। इस नयी त्रुटिपूर्ण व्यवस्था से बहुत सामाजिक हानि हुई क्योंकि इससे व्यक्ति के पेशे को उसके जन्म से जोड़ दिया गया। इसमें राजनीतिक उद्देश्य था और समाज को चार समूहों में कठोरता से बांटकर उसे नियंत्रित करते हुए एक शक्तिशाली हथियार के रूप में इसका इस्तेमाल किया गया। व्यक्ति की प्रकृति तथा योग्यताओं का बिलकुल ध्यान नहीं रखा गया। यह मान लिया गया कि ब्राम्हण का पुत्र विद्वान् ही होगा तथा क्षत्रिय के

पुत्र में नेतृत्व करने की क्षमता तथा युद्धकौशल स्वतः ही होगा। जाति को वर्ण और गुणों से जोड़ दिया गया। ब्राम्हणों को सत्त्व गुण , क्षत्रियों तथा वैश्यों को राजस गुण तथा शूद्रों को तामस गुण से जोड़ दिया गया। ऐसे कर्तव्यों का निर्धारण कर देना जो कि वर्ण के स्वभाव के अनुरूप नहीं हैं, हर किसी के लिए अराजकता पैदा कर सकता है। यदि एक साधारण ब्राम्हण को व्यापार की जिम्मेदारी दे दी जाये तो वह नुक्सान ही उठाएगा। उसमें व्यापार के लिए आवश्यक चतुराई और चालाकी नहीं होगी। धीरे धीरे समाज इन भ्रांतियों पर विजय पा रहा है तथा यह विचारधाराएं कमजोर हो रही हैं। यह विश्वास अब समाज में पूरी तरह लागू नहीं होते हैं। गीता के अनुसार यदि निम्न जाति के परिवार में जन्मे व्यक्ति में उच्च जाति के गुण पाए जाते हैं तो उसे कुलीन ही माना जाना चाहिए। कुलीन व्यवहार वाले शूद्र को शूद्र तथा ब्राम्हण धर्म का पालन न करने वाले ब्राम्हण को ब्राम्हण नहीं मानना चाहिए। अर्थात व्यक्ति के वर्ण का निर्णय उसके जन्म से न होकर उसके कर्मों से होना चाहिए। अब हर वर्ण के लोग वीरता पुरस्कार जीत रहे हैं और

सफलतापूर्वक व्यापार चला रहे हैं। लेकिन ऐसा करते हुए भी उनके मूलभूत गुण उनके व्यवहार को प्रभावित अवश्य करते हैं।

10

मन पर नियंत्रण

॥ मन ही हमारे जीवन को आकार देता है और हम जैसा सोचते हैं, वैसे ही बनते हैं .... भगवान् बुद्ध ॥

जिस प्रकार हमें अपने शारीरिक स्वास्थ्य के लिए व्यायाम की आवश्यकता है उसी प्रकार हमें अपनी मानसिक और भावनात्मक स्वास्थ्य के लिए नियमित रूप से चिंतनशील अभ्यास की आवश्यकता है। एकांत के क्षणों में हम इस तीव्र मानसिक गतिविधि को धीमा कर पाते हैं। जैसे जैसे हम अपने मन में आने वाले विचारों का अवलोकन करते हैं, हम अपने दिमाग में रहने वाले अनेकों

विचारों की निरर्थकता को भी पहचानना शुरू कर देते हैं। हमारी चिंतन क्षमता का विकास हमारे भावनात्मक संतुलन को मजबूत करता है। इससे हम जीवन में रोज आने वाले उतार चढाव से सरलता से प्रभावित नहीं होते हैं। हम अपनी प्रतिक्रियाओं में अधिक विचारवान तथा कम उत्तेजित होते हैं।

मस्तिष्क और मन के बीच का सम्बन्ध बहुत जटिल है। कुछ लोग मानते हैं मस्तिष्क और मन एक ही हैं और मन के कार्य मस्तिष्क की गतिविधियों का केवल एक पहलू हैं। वास्तव में मस्तिष्क एक भौतिक अंग है जिसका कार्य तंत्रिका तंत्र के माध्यम से शरीर तथा उसके कार्यों का नियंत्रण करना है। मन गैर-भौतिक है जो कि विचारों तथा जागरूकता के लिए जिम्मेदार है। मन कल्पना, पहचान और मूल्यांकन की शक्ति रखता है, और भावनाओं को संसाधित करने के लिए जिम्मेदार है, जिसके परिणामस्वरूप दृष्टिकोण निश्चित होते हैं तथा कार्य होते हैं। मस्तिष्क को देखा जा सकता है लेकिन मन दिखाई नहीं देता है। हम अपना मन बदल सकते हैं लेकिन मस्तिष्क नहीं बदल सकते हैं। वैसे मस्तिष्क और मन के बीच का अंतर इतना सीधा भी नहीं

है। मस्तिष्क और मन एक दूसरे को कई प्रकार से प्रभावित करते हैं। किसी दुर्घटना अथवा मस्तिष्क की सर्जरी से मन पर होने वाले प्रभाव इसका सबसे स्पष्ट और वैज्ञानिक प्रमाण हैं।

विचार मन का ही कार्यक्षेत्र है। मन में उठने विचारों की तीव्रता मस्तिष्क को प्रभावित करती है। यह प्रभाव सकारात्मक भी हो सकता है और नकारात्मक भी। मन हमें आतंरिक स्वर्ग अथवा आतंरिक नर्क की ओर ले जाने की क्षमता रखता है और उतने ही सक्षम रूप से यह हमारे बाहर के वातावरण को भी प्रभावित कर सकता है। यह सब इस बात पर निर्भर है कि हम मन का उपयोग किस प्रकार से करते हैं। हम स्वयं अपने विचारों को अच्छे और बुरे के रूप में वर्गीकृत कर लेते हैं और यह हमारे कार्यों और प्रतिक्रियाओं को प्रभावित करता है। हम में विचारों को केवल दर्शक बनके देखने और उनसे उदासीन रहने का सामर्थ्य है। विचार आते जाते रहते हैं, हमें उन्हें अपनाने की कोशिश नहीं करनी चाहिए। मन को हमेशा रचनात्मक कार्यों में ही व्यस्त रखना चाहिए। परिस्थतियाँ कभी

भी असफलता का कारण नहीं होतीं हैं। इसके लिए मन जिम्मेदार है। यदि मन हार मान ले तभी हार होती है। मजबूत मन हमें निश्चित पराजय की स्थिति से बाहर भी ला सकता है। जबकि कमजोर मन हमें अवसादग्रस्त रखते हुए पतन की ओर ले जा सकता है।

जिस प्रकार रोजाना हम अपने वस्त्रों का चयन करते हैं, उसी प्रकार हमें अपने विचारों का चयन भी सावधानी पूर्वक करना चाहिए। विचार हमारी मनःस्थिति का निर्धारण करते हैं। हम कभी भी जीर्ण पोशाक नहीं पहनते हैं, तो हम जर्जर विचार क्यों धारण कर लेते हैं । प्रेम, करुणा, दया, विश्वास आदि सकारात्मक ऊर्जा देते हैं जबकि अहंकार, क्रोध, आलोचना, ईर्ष्या, घृणा, बदले की भावना, अस्वीकृति, अवसाद आदि नकारात्मक ऊर्जा देते हैं। ऊर्जा का प्रकार समान विचारों को जन्म देता है जो मन को अपनी दिशा में खींच लेते हैं। हम जिन विचारों को जन्म देते हैं वे हमारे आसपास के तथा हमसे जुड़े हुए सभी व्यक्तियों को प्रभावित करते हैं। इसलिए हमें विचार-स्वच्छता के प्रति लगातार सचेत रहना चाहिए और विचारों की जांच करते

रहना चाहिए ताकि उन्हें हर समय सकारात्मक रखा जा सके।

कहावत है कि स्वस्थ शरीर में ही स्वस्थ मन होता है। इस कहावत से लोग भ्रमित होकर समझते हैं कि यदि शरीर स्वस्थ हो जाये तो मन स्वतः ही स्वस्थ हो जायेगा। यह सम्बन्ध इतना सीधा भी नहीं है क्योंकि यह आवश्यक नहीं कि मन के स्वस्थ होने से शरीर स्वस्थ हो जायेगा अथवा इसके विपरीत भी सत्य होगा। जिस प्रकार शरीर के स्वस्थ बनने के लिए पौष्टिक भोजन तथा व्यायाम की आवश्यकता होती है उसी प्रकार मन को स्वस्थ बनाने के लिए सकारात्मक विचारों तथा ध्यान के रूप में व्यायाम की आवश्यकता होती है। यदि मन नकारात्मक विचारों के अधीन होगा तो एक स्वस्थ शरीर भी गलत कार्यों में लग जायेगा। दूसरी ओर यदि मन स्वस्थ हो तो एक कमजोर शरीर भी प्रतिभाशाली कार्य करके दिखा सकता है। शरीर की मुद्रा के मुकाबले मन की मुद्रा कहीं अधिक महत्वपूर्ण होती है।

भावनाएं अक्सर मनोदशा, स्वभाव, व्यक्तित्व और प्रेरणा से जुड़ी होती हैं। बाहरी कारणों से

उत्पन्न सभी भावनाओं का जन्म मन में ही होता है। नकारात्मक भावनाओं को यदि ठीक से संभाला नहीं गया तो वे तनाव में वृद्धि कर देती हैं। नकारात्मक विचार जीवन के लिए हमारे उत्साह को इस आधार पर बाधित कर सकते हैं कि हम उनसे कितनी देर तक प्रभावित रहते हैं और किस तरह से हम उन विचारों को व्यक्त करते हैं। अत्यधिक सकारात्मक भावनाएं भी हमारी निर्णय क्षमता को प्रभावित कर सकती हैं क्योंकि ऐसी स्थिति में हम महत्वपूर्ण तथ्यों को अनदेखा कर सकते हैं। भावनात्मक स्थिरता के लिए आवश्यक है कि हम कभी भी उन परिस्थितियों पर अचानक प्रतिक्रिया न करें जो कि बाहरी वातावरण हमारे समक्ष प्रस्तुत करता है। पहले सोचना, तथ्यों को खोजने का प्रयास करना, स्थिति का आकलन करना और फिर राय देना या कार्रवाई करना, यही बुद्धिमानी होगी। हमें नकारात्मक तथा कठिन परिस्थितियों में से भी सकारात्मक बातों को ढूंढ़ने का प्रयास करना चाहिए। महात्मा गाँधी को अनेक ऐसे पत्र मिला करते थे जिनमें नकारात्मकता तथा उनके लिए अभद्र शब्द हुआ करते थे। वे ऐसे सभी पत्रों को रद्दी की टोकरी में फेंक देते थे परन्तु

रद्दी में फेंकने से पहले वे उन कागज़ों में लगे पिन निकाल लिया करते थे ताकि उन्हें बाद में उपयोग में लाया जा सके।

मन को विचारों के सतत प्रवाह के रूप में माना जाता है। यह विचार हमारे पहले के अनुभवों तथा भविष्य के लिए हमारी कल्पनाओं से सम्बंधित होते हैं। हमारी कामनाओं के कारण जन्मे क्रोध, लोभ, तनाव आदि के परिणामस्वरूप हमारे मन में अशांति और आंदोलन उत्पन्न होता है, जिससे मानसिक शांति की हानि होती है। जब हम अपने आप को किसी विचार से जोड़ते हैं, तो हम उसमें आसक्त हो जाते हैं और प्रवाह में शामिल होकर जिस दिशा में वह विचार ले जाता है, उधर चल देते हैं। विचारों के प्रति हमें सजग और सतर्क रहना चाहिए। हमें सागर की भांति मानसिक विशालता उत्पन्न करनी चाहिए, ताकि सांसारिक इच्छाएं भावनाओं को आंदोलित न कर पाएं और हम आंतरिक मौन और शांति की स्थिति को प्राप्त कर सकें। आत्ममंथन करते हुए मन की गतिविधियों पर ध्यान रखना आवश्यक है। मन को व्यर्थ के विचारों,

चिंताओं, कल्पनाओं और भय पर ऊर्जा का क्षय नहीं करने देना चाहिए।

यह जानना आवश्यक है कि मन क्यों भटक जाता है। सांसारिक कामना का जन्म होते ही मनुष्य उसे पूरा करने के सभी मार्गों पर विचार करना आरम्भ कर देता है। यह सभी मार्ग उस कामना की शाखाएं बन जाते हैं। इन्द्रियां मन को विषय वस्तुओं की ओर ले जाएँगी जबकि उसकी बुद्धि परिणामों के बारे में सजग रहने की सलाह देगी। इससे मन में एक संघर्ष का जन्म होगा। इस संघर्ष के कारण होने वाली उथल पुथल उसकी लक्ष्य के प्रति एकाग्रता को प्रभावित करेगी।

मन एक छोटे बच्चे की भांति होता है। जैसे एक बालक पर नजर रखनी पड़ती है उसी प्रकार मन पर भी नजर रखना आवश्यक है। बच्चा रोने और चिल्लाने लगता है, गुस्से में कुछ तोड़ सकता है या खुद को किसी खतरे में डाल सकता है। इस प्रकार मन भी नकारात्मक विचारों को जन्म दे सकता है। हर समय जिज्ञासु और चंचल होने के कारण, बच्चा अनजाने में स्वयं को खतरनाक स्थिति में डाल

सकता है। मन भी चंचलता के कारण दिमाग को गलत दिशा में ले जा सकता है। बाहर होने वाली घटनाओं के कारण उठने वाली अपनी भावनाओं और प्रतिक्रियाओं पर हम नियंत्रण तभी कर सकते हैं जब मन पर हमारा नियंत्रण हो। भगवान् श्री कृष्ण ने कहा है कि जिसने मन को नियंत्रित करने का कौशल पा लिया वह संसार की किसी भी क्रिया को कुशलतापूर्वक संपन्न कर सकता है। वे आगे कहते हैं कि लगातार अभ्यास तथा वैराग्य और अलगाव की भावना से हम मन को नियंत्रित कर सकते हैं।

यदि हम आत्मा से परमात्मा की यात्रा में सफलता चाहते हैं तो हमें अपने भीतर झांकना होगा। योग प्रणाली केवल प्रतिरोध की अपने द्वारा निर्मित दीवारों को हटाने के लिए है। जब हम अपनी व्यर्थ की कामनाओं का त्याग कर देते हैं तो हमारा मन शांत, स्थिर और पवित्र हो जाता हैऔर अहंकार की दीवार बिखरने लगती है। विषय वस्तुओं के लिए आग्रह को नियंत्रित करना महत्वपूर्ण है लेकिन सभी विषय वस्तुओं से इनकार करना आवश्यक नहीं है। स्वयं को अभाव में रखना तथा स्वयं को सज़ा देना गलत है। मन पर नियंत्रण होने से विषय

वस्तुओं से स्वयं ही अरुचि पैदा होगी और लगातार अभ्यास करने से ध्यान करना भी आसान होगा।

हम नियमित रूप से खुद की तुलना दूसरों से करते रहते हैं। हमारे पास जो कुछ है उसके लिए आभारी होने के बजाय हम हमेशा हमारे पास जो नहीं है उसके विषय में सोचते रहते हैं। यदि दूसरा व्यक्ति अधिक धनी, अधिक शक्तिशाली अथवा अधिक सफल है तो हमारी असुरक्षा की भावना और दृढ हो जाती है। दूसरा व्यक्ति यदि हमसे कमजोर है तो अहंकार का जन्म होता है। शांत मन के लिए आवश्यक है कि बाहर की चीजों से तुलना के बजाय हम मूल्यांकन के लिए अपने अंदर स्वयं का मापदंड बना कर सुखी रहे। विश्वास रखें कि जो रहा है हमारे भले के लिए ही हो रहा है। यह विश्वास भी रखें कि जो कुछ हमें मिला है हम उसी के हकदार हैं।

कार्य में सचेत रहना मन को वर्तमान में रखने की तकनीक है। मन को नियंत्रण में रखने का यह एक बहुत ही प्रभावी तरीका है। मन को वर्तमान में सचेत रखने की कला का लगातार अभ्यास करना

चाहिए तथा इसे जीवन का एक हिस्सा बना लेना चाहिए। एक बार जब हम उस स्थिति को प्राप्त कर लेंगे, तो हम लगातार आनंदित अवस्था में रहेंगे और मन की चंचलता पर नियंत्रण रख सकेंगे। पूना में मेरे उच्च अधिकारी के दफ्तर में जब कोई आता था और वे किसी कार्य में व्यस्त होते थे तो वे आने वाले को बैठने के लिए कहते थे और उससे तभी बात करते थे जब हाथ का कार्य समाप्त हो जाता था। उसके बाद वे आने वाले की बात पूरी एकाग्रता से सुनते थे।

श्वास लेने की प्रक्रिया पर नियंत्रण करने से भी मन शांत रहता है और एकाग्रता में वृद्धि होती है। जो श्वास हम अंदर लेते हैं उसे अपान वायु तथा जो सांस छोड़ते है उसे प्राणवायु कहते हैं। साधारणतया अपान वायु की तुलना में प्राण वायु की गति अधिक होती है। श्वास लेने और श्वास छोड़ने की प्रक्रिया का समय समान करने के लिए पहले अपान वायु को बाएं नथुने से अंदर लिया जाता है और फिर प्राण वायु को दाहिने नथुने से बाहर निकाला जाता है। इसके पश्चात अपान वायु को दाहिने नथुने से

अंदर लिया जाता है तथा प्राण वायु को बाएं नथुने से छोड़ा जाता है। इस प्रक्रिया को अनुलोम-विलोम के नाम से जाना जाता है। निरंतर अभ्यास से प्राण और अपान वायु का प्रवाह कोमल और सूक्ष्म हो जाता है। जब नथुने के अंदर या बाहर और गले आदि में वायु की अनुभूति न हो तो समझ लेना चाहिए कि प्राण और अपान वायु का प्रवाह समान है।

ध्यान लगाने से एकाग्रता बढ़ती है और मन भी सचेत हो जाता है। हमें मूल्यांकन अथवा आलोचना किये बिना अपने विचारों, भावनाओं और कार्यों पर ध्यान देना होगा और उन्हें समझना होगा। अपने सारे काम समाप्त करके अथवा उनका विचार मन से निकालकर ही शांत मन से ध्यान के लिए बैठना चाहिए। एक आरामदायक स्थान चुनकर उसपर पालथी लगाकर फर्श पर बैठें अथवा किसी कुर्सी पर बैठ जाएँ। अपनी गर्दन, सिर तथा पीठ एकदम सीधे रखें ताकि रीढ़ की हड्डी सीधी रह सके। अपनी आँखें बंद करें या अपनी दृष्टि को नरम रखें ताकि आपका ध्यान किसी भी चीज़ पर विशेष रूप से केंद्रित न हो। हथेली को नीचे की दिशा में करके

अपने हाथों को अपनी जाँघों पर रखें। श्वास को शक्तिपूर्वक फेफड़ों से छोड़ें और उसके बाद श्वास को जितनी देर तक संभव हो रोक लें। इसके पश्चात धीरे धीरे श्वास को सामान्य स्थिति में लाएं। इससे मन की चंचलता और और भटकाव मिट जाते हैं। आँखों को धीरे से बंद करके अपना ध्यान नथुनों के पास होने वाली श्वास की अनुभूति अथवा श्वास के कारण पेट में होने वाली क्रिया पर केंद्रित करें। श्वास को नियंत्रित करने के बजाय श्वास की प्राकृतिक ताल को महसूस करें। बैठने की अनुभूति पर ध्यान दें, अपने नीचे जमीन या कुर्सी और उसके संपर्क में आने वाले अपने शरीर के अंगों को महसूस करें। अपना ध्यान अपने हाथों की ओर लाएं, जांघों पर उनके वजन को महसूस करें तथा पहने हुए वस्त्रों की अनुभूति करें। ध्यान दें कि अंदर और बाहर जाती हुई श्वास शरीर में कैसी गहसूस होती हैं। श्वास की प्रक्रिया को बदलने का प्रयास न करते हुए उसे स्वतः होने दें।

शरीर की ऊर्जा, श्वास तथा मन के बीच का सम्बन्ध ऐसा है कि आप यदि इन में से किसी एक

को उत्तेजित करें तो बाकी दोनों स्वतः ही उत्तेजित हो जाते हैं और यदि किसी एक को भी शांत करें तो बाकी दोनों भी स्वतः ही शांत हो जाते हैं। इन तीनों में से श्वास को नियंत्रित करना सबसे सरल है। श्वास पर नियंत्रण पाते ही आप अपने विचारों में होने वाले परिवर्तन को महसूस कर सकते हैं। जब भी मन भटकने लगे आप अपना ध्यान श्वास की इन्ही अनुभूतियों की ओर लाएं, इन्हें स्वीकार करें और फिर से श्वास की ओर ध्यान दें। यदि कोई विचार मन में आता है तो उसे बलपूर्वक दूर करने के लिए संघर्ष न करें। मन की सभी कल्पनाएं तथा विकर्षण क्षणिक होते हैं, इसलिए यदि वे पैदा होते हैं, तो निश्चित रूप से क्षीण भी हो जाएंगे। आकाश में बादल आते हैं और गायब हो जाते हैं लेकिन आकाश वैसे का वैसा ही रहता है। मन में विचार आने पर हमें तटस्थ और उदासीन रहना है। क्षणिक होने के कारण विचार स्वयं ही लुप्त हो जायेगा। ध्यान के समय मन में जमा सभी प्रकार के विचार बाहर आने का प्रयास करते हैं क्योंकि व्यक्ति के अन्य कार्यों में व्यस्त रहने के कारण उन्हें बाहर आने का मौका ही नहीं मिलता है। धीरे धीरे

विचारों के आने की गति कम होती रहेगी और अंत में स्थिरता आ जाएगी तथा ध्यान केंद्रित हो जायेगा। राग और द्वेष के लुप्त होते ही मन तुरंत शांत होगा। अभ्यास करते करते हम अपने हर कार्य में सजग रहेंगे तथा हर परिस्थिति में प्रसन्न और स्थिर रहेंगे।

एक धारणा है कि केवल जंगलों अथवा एकांत स्थलों में ही ध्यान लगाना संभव है। वास्तव में व्यक्ति रोजमर्रा के काम करते हुए भी उतनी ही क्षमता से ध्यान लगा सकता है। ऐसा व्यक्ति, जिसने शारीरिक रूप से तो एकांत के लिए खुद को अलग-थलग कर लिया है, लेकिन सांसारिक चीजों और विषय -वस्तुओं के साथ अपना लगाव छोड़ने में स्वयं को असमर्थ पाता है, वास्तव में एकांत में नहीं बल्कि भीड़ में है, भले ही वह जंगल में कितना भी अंदर चला जाए । सच्चा ध्यान वही है जिसमें आप वर्तमान में रहे, भूत के विचारों तथा भविष्य की कल्पना में न खोये रहे, अपने वातावरण तथा परिस्थितियों के विषय में सजग रहें और स्वयं को इनमें से किसी के साथ न जोड़ें। यह आवश्यक नहीं है कि बैठ कर ही ध्यान लगाया जाये। मनुष्य को हर समय ध्यान

की स्थिति में रहना ही उचित है। ऐसा करने से आप आप पाएंगे कि आपकी क्षमता अनायास ही कई गुना बढ़ गई है।

11

भोजन और उपवास

॥ उपवास केवल शरीर का अनुशासन ही नहीं है,
बल्कि एक आध्यात्मिक उत्सव है ॥

शरीर की पौष्टिकता के लिए हम जो ग्रहण करते हैं, उसे भोजन कहते हैं। भोजन शरीर को कार्बोहाइड्रेट, वसा, प्रोटीन, विटामिन और खनिज जैसे आवश्यक पोषक तत्व प्रदान करता है। भोजन के पाचक तत्व हमारी कोशिकाओं में घुल मिल जाते हैं और हमें जीवनयापन तथा विकास के लिए आवश्यक ऊर्जा प्रदान करते हैं। हम जो ग्रहण करते हैं उसका सम्बन्ध गुणों से भी है। हम जो खाते हैं उससे पता चलता है कि हम कैसे हैं, कैसा सोचते

हैं और हमारा व्यवहार कैसा है। वे खाद्य पदार्थ जो जीवन शक्ति, उत्साह, शारीरिक शक्ति, स्वास्थ्य और प्रसन्नता देते हैं और जो भोजन रसदार, नरम, पौष्टिक और सुखद हैं, सात्त्विक लोगों को प्रिय हैं। ऐसे भोजन शरीर को बल, पौष्टिकता, पवित्रता तथा प्रसन्नता देते हैं। जो खाद्य पदार्थ कड़वे, खट्टे, नमकीन, बहुत गर्म, तीखे, सूखे और जलन देने वाले होते हैं, उन्हें राजस लोग पसंद करते हैं। ऐसे भोजन कष्ट, शोक तथा रोग देने वाले होते हैं। जब विचारों में सुधार होता है, तो व्यक्ति अपने स्वाद और भोजन की अपनी पसंद को बदलता हुआ और संतोषप्रद पाता है। ऐसा भोजन जो आधा पका हुआ फीका, बासी, प्रदूषित और अपवित्र हो, तामस लोगों को प्रिय होता है।

भोजन कराने वाले तथा भोजन ग्रहण करने व्यक्ति की भावनाओं का भी भोजन पर प्रभाव पड़ता है। वह भोजन जो प्रसन्नता तथा सम्मान के साथ खिलाया और ग्रहण किया जाए, वह उच्चकोटि का तथा संतोषदायक होता है। वह भोजन मध्यम कोटि का होता है जो परोसा तो प्रसन्नता से जाये

लेकिन ग्रहण करने वाला व्यक्ति उसे प्रसन्नता और कृतज्ञता से ग्रहण न करे। वह भोजन निम्नकोटि का होता है जो मजबूरी की भावना के साथ और एक बोझ के रूप में दिया जाये और ग्रहण करने वाला व्यक्ति भी उसी भावना से उसे ग्रहण करे।

सात्त्विक लोग अपनी जीविका ईमानदारी से कमाते हैं और वे अपना भोजन स्वच्छ वस्त्र पहन कर, साफ़ और पवित्र रसोई में बनाते हैं। वे पहले भगवान् को भोग लगाते हैंऔर उसके पश्चात ईश्वर का धन्यवाद करते हुए कृतज्ञता की भावना से भोजन करते हैं। राजसिक व्यक्ति जीविका कमाते हुए यह नहीं देखते हैं कि सही अथवा गलत साधनों का उपयोग किया गया है। वे स्वच्छ रूप से खाना तो पकाते हैं लेकिन वे स्वाद और दिखावे के लिए भोजन करते हैं। तामसिक गुण वाले व्यक्ति गलत साधनों जैसे झूठ, धोखाधड़ी, चोरी और लूटपाट आदि से भोजन कमाने में संकोच नहीं करते हैं। वे बिना शुद्धता और साफ-सफाई के खाना पकाते हैं और जिस तरीके से खाना पकाया गया है, उस पर भी ध्यान नहीं देते हैं।

भोजन की बात करने के साथ उपवास की बात करना भी आवश्यक है। साधारणतया कुछ घंटे, एक दिन अथवा उससे अधिक समय तक भोजन न करने को उपवास माना जाता है। उपवास का उद्देश्य केवल पाचन तंत्र को पुनर्गठित करना नहीं है। इसका अर्थ भोजन करने अथवा न करने से कहीं अधिक है। उपवास शारीरिक, मानसिक, भावनात्मक और आध्यात्मिक स्वास्थ्य सुधारने की उत्तम विधि है। उपवास का अधिकतम लाभ उठाने के लिए चार विभिन्न साधन हैं।

पहला है भोजन का उपवास। मानव शरीर खाने की मशीन नहीं है। अनियंत्रित भोजन करने से व्यक्ति बीमार हो जाता है। हमें तभी खाना चाहिए जब हमारा पाचन तंत्र भोजन मांगे न कि जब हमारी जीभ इसके लिए तरस रही हो। शरीर की प्रतिरक्षा क्षमता बढ़ाने के लिए उचित भोजन करना आवश्यक है।

दूसरा है श्वास का उपवास। शारीरिक व्यायाम के कारण जल्दी श्वास लेना शरीर के लिए अच्छा हो सकता है लेकिन क्रोध, तनाव और अन्य नकारात्मक

भावनाओं के परिणामस्वरूप जल्दी श्वास लेना हानिकारक है। इंजन यदि अधिक गर्म रहता है तो वह जल्दी ही खराब हो जाता है। मानव शरीर की प्रत्येक कोशिका भी इंजन की भांति काम करती है जिसे श्वास से शक्ति मिलती है। श्वास को धीरे अंदर लेने तथा धीरे ही छोड़ने से मनुष्य तनावरहित हो जाता है। श्वास का उपवास करने से विचार अधिक सकारात्मक हो जाते हैं तथा बुढ़ापा भी देर से आता है।

तीसरा उपवास वाणी का है जिसमें हम हानिकारक और निराशावादी बातें न करने का उपवास करते हैं। यह उपवास कुछ समय के लिए नहीं बल्कि सदा के लिए होता है। हमें ऐसे शब्द बोलने चाहिए जो सच हों, और दूसरों को आनंद दें और यह शब्द बहुत ही मनभावन स्वर में बोले जाएं। आपसी रिश्तों को सुधारने के लिए यह उपवास बहुत उपयोगी है।

चौथा उपवास शरीर की हरकतों का है। इस उपवास का अर्थ बिस्तर में लेटे रहना नहीं है। इस उपवास का अर्थ है शांत बैठकर अपने श्वास को

महसूस करना और प्रकृति की आवाज़ों को सुनना। शांत बैठो। स्वयं के साथ समय बिताओ और आत्ममंथन करो। यदि आप एक मिनट भी शांत होकर बैठ सके तो आपकी बेचैनी कम होगी और आप और अच्छे व्यक्ति बन सकेंगे।

12

यज्ञ

|| जीवन एक यज्ञ ही है ||

यज्ञ का शाब्दिक अर्थ है पूजा, भक्ति, प्रार्थना, चढ़ावे या आहुति का एक रूप तथा त्याग। यज्ञ केवल पवित्र अग्नि को प्रकट करना, मंत्रों का जप करना, निर्दिष्ट मंत्रों के द्वारा आह्वान किये देवताओं को खुश करने के लिए अग्नि में प्रतीकात्मक त्याग करना आदि ही नहीं है। जीवन का हर पहलू यज्ञ हो सकता है। हर कार्य बिना किसी कामना और फल की इच्छा के यज्ञ और कर्तव्य की भांति करना चाहिए।

जीवन की स्थिति और उत्पन्न परिस्थितियों के आधार पर शास्त्रों के आदेश की सीमा के अंदर बिना किसी फल की अपेक्षा के किए गए कर्मों को यज्ञ कहते हैं। अपने अपने कर्मक्षेत्र में सभी यज्ञ कर सकते हैं। माता पिता का यज्ञ है बच्चों को अच्छे से पालना, उनकी आवश्यकताओं को पूरा करना, उनके सामने अच्छे उदाहरण प्रस्तुत करते हुए उन्हें उत्तम संस्कार देना। चिकित्सक का यज्ञ है मरीजों का कष्ट कम करना तथा उन्हें पुनः स्वस्थ करने के लिए औषधि देना। मन लगा कर अध्ययन करना और अपना ज्ञान वर्धन करना छात्र का यज्ञ है। व्यापारी का यज्ञ है सब के कल्याण के लिए ईमानदारी से व्यापार करना। त्याग, आहुति, दान और तपस्या सभी प्रकार के यज्ञों के महत्वपूर्ण तत्व हैं। हालाँकि अलग अलग कार्यों के लिए यह विभिन्न रूप ले सकते हैं।

जब हम जन्म लेते हैं तो हमारे जीवन की सभी आवश्यक वस्तुएं संसार में पहले से ही उपलब्ध होती हैं। माता पिता हमें इस संसार में लाते हैं, हमें पालते हैं और हमारा मार्गदर्शन करते हैं। गुरु तथा अध्यापक ज्ञानपथ पर हमें राह दिखाते हैं। और

भी कई लोग होते हैं जो हमारे जीवन में महत्वपूर्ण भूमिका निभाते हैं। इस संसार में दूसरों की सहायता के बिना कोई कार्य संभव ही नहीं है। जो भी शक्ति, अधिकार, सफलता, पद, सामग्री, धन और संपत्ति आदि हमारे पास है, वह सब दूसरों के कारण है। अतः उचित होगा कि हम यह सब कुछ उन्हीं की सेवा में ही लगा दें। इस प्रकार निस्वार्थ भाव से दूसरों के कल्याण के लिए कार्य करना भी यज्ञ है।

कुछ लोगों के लिए ब्रह्म ही सभी संसाधनों का स्रोत है, सभी कार्यों का कारण हैं और सभी कार्यों का परिणाम हैं। उनके लिए सभी यज्ञों का कारण ब्रह्म हैं जिसमें ब्रह्म ही यज्ञ करने वाले हैं जो कि सामग्री रुपी ब्रह्म को अग्निरूपी ब्रह्म में अर्पित करते हुए ब्रह्म का ही आह्वान करते हैं। भोजन करते हुए वे विचार करते हैं कि ब्रह्म ही ब्रह्म को ग्रहण कर रहे हैं और भोजन रुपी ब्रह्म को ब्रह्म को ही अर्पित करते हुए ब्रह्म का ही आह्वान किया जा रहा है। इस प्रकार से विचार कर के किये गए सभी कार्य सर्वोत्तम यज्ञ हैं और मोक्ष की ओर ले जाते हैं।

इन्द्रियों को नियंत्रित करना भी यज्ञ है। इन्द्रियों के यज्ञ का अर्थ है कि जब भी इन्द्रियां इन्द्रिय विषयों

के संपर्क में आएं तो आकर्षण तथा प्रतिकर्षण से मुक्त हों। इन्द्रियों पर नियंत्रण पाने के किये साधक या तो एकांत में ध्यान लगाकर मंत्रोच्चार में लग सकता है, अथवा मन, बुद्धि, अहम् तथा इन्द्रियों को आकर्षण और प्रतिकर्षण से मुक्त करके विषय वस्तुओं के बीच रह सकता है। दोनों ही विधियां उपयोगी हैं लेकिन एकांतवास कम प्रभावी है क्योंकि जीवनयापन के लिए साधक को विषय वस्तुओं के बीच आना ही होगा और उस समय उसकी आकर्षण और प्रतिकर्षण से प्रभावित होने की सम्भावना अधिक है। जब साधक आकर्षण और प्रतिकर्षण से मुक्त हो जाता है तो वह एकांत में अथवा सामान्य जीवन में एक सा ही रहता है। ऐसे साधक इन्द्रियों के सभी कार्यों को आत्मसंयम रुपी यज्ञ में अर्पित कर देते हैं।

प्राणवायु के यज्ञ का अर्थ है प्राणवायु को प्राणवायु में अर्पित करते हुए श्वास लेने तथा श्वास छोड़ने की क्रिया पर नियंत्रण पाना। श्वास की क्रिया पर नियंत्रण पा कर हम अपने अंदर के प्राण की प्रत्येक क्रिया पर दक्षता प्राप्त कर सकते हैं। शरीर के जीवन सम्बन्धी कार्यों को सक्रिय करने

के अलावा प्राण व्यक्ति के मानसिक दृष्टिकोण तथा बौद्धिक जीवन में खुद को बेहतर बनाने की क्षमता को भी निखारता है। जल, भोजन और वायु शरीर का पोषण करते हैं लेकिन प्राण शरीर को चलाने के लिए आवश्यक ऊर्जा प्रदान करता है। प्राण ही जीवन है तथा वायु आदि जीवन को बनाये रखने के लिए आवश्यक हैं। वायु श्वास लेने की क्रिया के साथ जीव में प्रवेश करती है। फिर सूक्ष्म ऊर्जा के विशेष मार्गों के माध्यम से यह प्राण वायु के रूप में प्रत्येक अंग में पहुँच जाती है। यह सक्रिय मानसिक केंद्र में प्रवेश करती है, जिसे चक्र कहा जाता है। कुछ चक्रों में प्राण वायु अधिक क्रियाशील होती है तथा कुछ में क्षीण होती है। शरीर के किसी क्षेत्र में प्राणवायु का क्षीण होना उस क्षेत्र में किसी बीमारी की उपस्थिति की ओर संकेत करता है। चक्र को जाग्रत करने से वह पुनः ऊर्जावान हो जाता है। चेतना जीव में जीवन वायु के सञ्चालन को नियंत्रित करती है। जीव में प्राणवायु के संतुलित होने से शरीर स्वस्थ हो जाता है तथा मन को नियंत्रित करना सुगम हो जाता है। इस प्रकार का यज्ञ प्राणवायु के प्रवाह में सहायता करता है जिससे मनुष्य के जीवन की सभी क्रियाएं उसके नियंत्रण में रहती हैं।

यज्ञ के किसी भी रूप में दिया गया त्याग अथवा आहुति सात्विक होती है, यदि उसे उन लोगों द्वारा आध्यात्मिक विधि के अनुसार अर्पित किया जाए जो किसी फल की अपेक्षा नहीं करते हैं और दृढ़तापूर्वक विश्वास रखते हैं कि ऐसा करना उनका कर्तव्य है । माता पिता के बच्चों के प्रति वे कार्य तथा त्याग सात्विक कहलाते हैं जो कि व्यक्तिगत और सामाजिक जिम्मेदारी समझते हुए बच्चों से बदले में कुछ भी आशा रखे बिना किये जाएं। पुरस्कार की आशा में तथा दिखावे के लिए किये गए त्याग राजसिक कहलाते हैं। त्याग जो शास्त्रों के नियमों के अनुरूप नहीं है और विश्वास के बिना है, तामसिक हैं। अपने कर्तव्य को यज्ञ की भांति करते हुए हमें यह सुनिश्चित करना चाहिए कि धर्म के सिद्धांत सुदृढ़ तथा सुरक्षित रहें। महाभारत की कथा में भीष्म ने कभी विवाह न करने तथा हस्तिनापुर के सिंहासन तथा राजा की जीवनपर्यन्त रक्षा करने का प्रण लिया था। अपने प्रण को पूरा करने के लिए उन्होंने जीवन भर त्याग तथा बलिदान दिया। उन्होंने अपना कर्तव्य यज्ञ की भांति निभाया। इसके बदले में उन्होंने कोई भी कामना नहीं की। उन्होंने

धर्मपरायण जीवन जिया और सभी राजकुमारों के लिए सर्वोत्तम प्रशिक्षण सुनिश्चित किया और अपना स्नेह सभी राजकुमारों को समान रूप से दिया। लेकिन ऐसा करते हुए उन्होंने राजा द्वारा की गयी भूलों तथा अत्याचारों को अनदेखा कर दिया। राजा के दरबार में उनका स्थान बहुत ऊंचा था लेकिन उन्होंने कभी भी अधर्म को रोकने के लिए कुछ नहीं किया। ऐसा करने से आगामी महायुद्ध को रोका जा सकता था, जिसमें लाखों लोग सिर्फ अठारह दिनों में मारे गए। स्वयं कोई गलत कार्य न करना एक बात है लेकिन सामर्थ्य होते हुए भी गलत कार्य को होने से न रोकना यज्ञ नहीं केवल भ्रम कहा जायेगा।

13

सन्यास, तपस्या और दान

|| केवल त्याग ही मोक्ष प्राप्ति का मार्ग है...........
स्वामी विवेकानंद ||

सन्यास अथवा त्याग का अर्थ अभाव और दुःख का जीवन बिताना नहीं है। संन्यास एक मानसिक दृष्टिकोण है, शारीरिक अवस्था नहीं। लोग त्याग के नाम पर घर और संपत्ति से दूर चले जाते हैं। त्याग का अर्थ संपत्ति का त्याग नहीं है। किसी पर निर्भरता, मोह और संपत्ति इकट्ठा करने की आदत को छोड़ना होता है न कि अपने पास जो कुछ है उसका त्याग कर देना। आसक्ति और कर्मफल

का त्याग कर्मयोग का आधार है। एक साधक की न तो सदाचारी या असाधारण कार्यों में आसक्ति होनी चाहिए और न ही उसमें बुरे और साधारण कार्यों के लिए द्वेष होना चाहिए। काम तो समाप्त हो जाते हैं मगर राग और द्वेष समाप्त नहीं होते हैं और यही हमें बांधते हैं। साधक को चाहिए कि वह अच्छे कामों के पीछे भागने के बजाय बुरे कामों का त्याग करे वर्ना उसके अंदर अच्छे काम करने का घमंड आ जायेगा और उसका अहम् समाप्त नहीं होगा।

हमें संन्यास के लिए क्या क्या छोड़ना चाहिए, इसके चार दृष्टिकोण हैं। पहले दृष्टिकोण के अनुसार कामना से जन्मे कर्मों का त्याग करना चाहिए क्योंकि कामना से मोह होता है और वह व्यक्ति को कर्मफल का पात्र बना देता है। लेकिन यदि ऐसे कर्म न भी किये जाएँ, कामना तो फिर भी रहेगी ही। इस कारण से कर्तापिन रहेगा और सन्यास पूर्ण नहीं होगा। दूसरे दृष्टिकोण के अनुसार कर्मफल का त्याग ही वास्तविक संन्यास है। लेकिन कर्मफल का त्याग किसी के लिए भी संभव नहीं है क्योंकि कर्मफल किसी के नियंत्रण में है ही नहीं। जब तक कामना रहेगी, कर्मफल तो मिलेगा

ही। इसका अर्थ है कि हमें कामना का ही त्याग करना होगा। ऐसा करने से कामना-जनित कर्मों तथा कर्मफल का त्याग स्वतः ही हो जायेगा। तीसरे दृष्टिकोण के अनुसार सन्यास के लिए हमें सब कर्मों का ही त्याग कर देना चाहिए। लेकिन सभी कर्मों का त्याग असंभव है। शरीर के पालन के लिए कर्म तो करने ही होंगे। चौथे दृष्टिकोण के अनुसार दान और तपस्या के कृत्यों को नहीं त्यागना चाहिए। इस दृष्टिकोण में यह स्पष्ट नहीं हैं कि किन अन्य कार्यों को त्यागना चाहिए। ऐसे कर्मों की सूची बहुत लंबी होगी। इस प्रकार चारों दृष्टिकोण स्वयं में सम्पूर्ण और दोषरहित नहीं हैं। वास्तव में सन्यास के लिए हमें केवल मोह और कर्मफल की इच्छा त्यागते हुए कर्म करने चाहिए।

सन्यास के सन्दर्भ में अक्सर यह माना जाता है कि किसी कर्म या वस्तु को छोड़ देने अथवा उनका त्याग कर देने का अर्थ एक ही है। छोड़ देने का अर्थ है पीछे हट जाना, कर्मफल की चिंता से दूर हट जाना। किसी चीज़ का त्याग कर देना सन्यास की और पहला कदम है। संन्यास कामना-जनित कर्मों का सम्पूर्ण त्याग है। छोड़ देना अथवा ध्यान

हटा लेना त्याग है जबकि सम्पूर्ण त्याग संन्यास है। छोड़ देने अथवा ध्यान हटा लेने का अर्थ यह नहीं है कि मनुष्य अपने कर्तव्यों का त्याग कर दे। प्रत्येक व्यक्ति के स्वयं के प्रति तथा समाज के प्रति दायित्व होते हैं। ऐसे सौंपे गए और अनिवार्य कर्तव्यों को छोड़ना पाप है।

अज्ञानवश अथवा विचार के अभाव में यह संभव है कि व्यक्ति अपने दायित्वों को भूलकर समाज की सेवा करना छोड़ दे। यदि भ्रमवश अपने कर्तव्य का त्याग किया जाता है तो वह तामसिक त्याग है और यदि आनंद लेने तथा विश्राम को अधिक प्राथमिकता देकर कर्तव्य का त्याग किया जाता है तो वह राजसिक त्याग है। यदि फल में आसक्ति तथा मोह का त्याग करके अपना कर्तव्य पूर्ण किया जाता है तो वह सात्त्विक त्याग है। सात्त्विक त्याग सन्यास के मार्ग पर किया जाने वाला सच्चा त्याग है। यदि सांसारिक वस्तुओं का त्याग ही पूर्ण त्याग होता तो सभी व्यक्तियों को मोक्ष प्राप्त हो जाता क्योंकि मृत्यु के समय मनुष्य न केवल सांसारिक वस्तुओं का त्याग कर देता है, बल्कि वह अपने प्रिय

शरीर का भी त्याग कर देता है। कामनाओं का मन से किया जाने वाला त्याग ही वास्तविक त्याग है जो कि बंधन से मुक्त करता है।

राजस गुण की प्रमुखता वाले व्यक्ति तपस्या और दान को कष्टदायक समझते हैं क्योंकि इन्हें करने में कई प्रतिबन्ध होते हैं। वे समझते हैं कि इसमें उन्हें बहुत धन खर्च करना होगा और शारीरिक आराम त्याग कर बहुत से कष्टों का सामना करना पड़ेगा। वे शारीरिक और मानसिक प्रयास वाली गतिविधियों को छोड़ कर एक निश्चिन्त जीवन व्यतीत करने को प्राथमिकता देते हैं। राजसिक व्यक्ति यदि दान आदि में कोई रूचि दिखाते भी हैं तो वह केवल दिखावा करने के लिए होता है। ऐसा व्यक्ति कभी सन्यासी नहीं हो सकता है।सात्त्विक त्याग में कर्मों का त्याग नहीं किया जाता है, बल्कि पुरस्कार का विचार न करते हुए कर्मों को और ध्यान से तथा तत्परता से किया जाता है। हम अप्रिय कार्यों का त्याग कर सकते हैं परन्तु उनके लिए मन में कोई द्वेष नहीं होनी चाहिए। द्वेष का अर्थ है मोह जो कि बंधनकारी है। जिस व्यक्ति में अप्रिय कार्यों के लिए द्वेष तथा प्रिय कार्यों के लिए मोह न हो वही सच्चा

सन्यासी है। हमारे लिए सात्त्विक त्याग शायद संभव न हो परन्तु हमें फल की कामना का त्याग करने का प्रयास तो करना ही चाहिए।

तपस्या एक अन्य मार्ग है जिसे कुछ साधक संन्यास के लिए धारण करते हैं। इसके लिए वे जन जीवन दूर एकांत में चले जाते हैं। वे मितव्ययी तथा अभाव का जीवन जीने लगते हैं। उनमें से कुछ तो अपने शरीर को कष्ट देने लगते हैं। जैसे कि वे बहुत समय के लिए भूखे रहते हैं, कीलों अथवा काँटों पर लेटे रहते हैं, एक टांग पर खड़े रहते हैं तथा और भी कई हिंसक और कठोरता वाले कार्य करने लगते हैं। ऐसी हिंसापूर्ण भक्ति बहुत हानिकारक है। ऐसे लोगों का सारा ध्यान अपने शरीर पर ही होता है और अपने शरीर में ही उनकी आसक्ति बनी रहती है। वे कोई अन्य कार्य करते ही नहीं हैं। जिस संसार में वे रहते हैं उसकी कोई सेवा नहीं करते हैं। गीता ऐसी परिपाटी की बिलकुल अनुमति नहीं देती है। गीता ऐसी तपस्या को अज्ञानयुक्त तथा राक्षसी प्रवृत्ति मानती है जिसमें मनुष्य अपने मूर्खतापूर्ण हठ से स्वयं को यातना दे अथवा दूसरों को हानि

पहुंचाए। तपस्या का अर्थ स्वयं को दंड देना नहीं बल्कि इन्द्रियों पर विजय पाना है।

कष्ट तथा अभाव को तपस्या की विधि के रूप में उपयोग करना निरर्थक है। तपस्या के नाम पर शरीर को कष्ट देने के बजाय हमें आतंरिक शांति के लिए शरीर, वाणी तथा मन की तपस्या करनी चाहिए। गीता में ईमानदारी और पवित्रता के साथ की गयी देवताओं की पूजा और ब्राह्मणों, बुजुर्गों, शिक्षकों के सम्मान को शरीर की तपस्या माना गया है। उनका आदेश मानना, उनके बताये आदर्शों पर चलना और हृदय से उनका आदर करना ही उनकी पूजा तथा सम्मान है। शरीर के तप के लिए ब्रम्हचर्य तथा अहिंसा भी महत्वपूर्ण हैं। वाणी का तप स्पष्ट विचार व्यक्त करते हुए शब्दों को नरम, सच्चा और सुखद रखना है। जो शब्द हिंसा, ईर्ष्या, जलन और शत्रुता आदि से पूरी तरह मुक्त होते हैं, प्रेम, करुणा, क्षमा, उदारता से युक्त होते हैं और जो किसी को हानि नहीं पहुंचाते, वे बोलने वाले तथा सुनने वाले, दोनों के लिए हितकारी होते हैं। मन के तप के लिए उसे प्रसन्न, सौम्य, शांत और नियंत्रित रखना आवश्यक है। सांसारिक वस्तुओं से प्राप्त

बाहरी प्रसन्नता अस्थाई होती है लेकिन आतंरिक प्रसन्नता मन को शांत रखती है और स्थाई होती है। आतंरिक शांति आतंरिक मौन से प्राप्त होती है। अनुकूल तथा प्रतिकूल लगने वाली परिस्थितियां समय समय पर आती ही रहेंगी लेकिन आतंरिक शांति के लिए आवश्यक है कि हम हर परिस्थिति में सम रहें।

तप तीन प्रकार का होता है - सात्विक, राजसिक तथा तामसिक। शरीर, मन तथा वाणी का सात्विक तप वह है जिसे व्यक्ति संतुलित मन से बिना फल की कामना के करे। उपरोक्त तीनों आयामों की सम्पूर्णता केवल सात्विक तप द्वारा ही संभव है। सम्मान तथा आदर पाने के लिए तथा दिखावे के लिए किया गया तप राजसिक है। राजसिक तप से व्यक्ति को आदर, सम्मान तथा प्रशंसा तो मिल जाएंगे परन्तु उसे तप का कोई दैवी परिणाम नहीं प्राप्त होगा। ऐसा व्यक्ति कभी भी शांत तथा प्रसन्न नहीं हो पायेगा क्योंकि उसका ध्यान सदैव अपनी उपलब्धियों में और पहचान बनाने में ही लगा रहता है। तामसिक तप में हठ, स्वयं को यातना देने और दूसरों को कष्ट देने की प्रधानता रहती है।

परोपकार तथा दान सन्यास और तप का ही भाग हैं। सारी संपत्ति का त्याग करके जंगल अथवा एकांत में चले जाने से मनुष्य समाज में कोई योगदान नहीं कर पाता है। हमें समाज में रहते हुए ही परोपकार करने और दान देने की आदत डालनी चाहिए। दान कई रूपों में किया जा सकता है जिसमें धन, भिक्षा, सेवाएं, वस्त्र, भोजन, दवाई, वाहन, रक्त, अंग, भावनाएँ तथा ज्ञान अदि का दान शामिल हैं। यह जानना बहुत आवश्यक है कि क्या दान देना है, कब देना है, कितना देना है और किसे देना है। आदर्श रूप से दान उस व्यक्ति को देना चाहिए जिसने न तो दान देने वाले के लिए कुछ किया हो और न ही उसके द्वारा भविष्य में बदले में कुछ करने की सम्भावना हो। ऐसा न होने पर उसे परोपकार अथवा दान नहीं कहा जायेगा।

राजसिक लोग तीर्थ स्थानों पर तथा पवित्र अवसरों पर दान तो देते हैं लेकिन उनका लक्ष्य केवल सद्भावना अर्जित करना होता है ताकि उसे बाद में भुनाया जा सके। राजसिक व्यक्ति परोपकार करने अथवा दान देने से पहले सोचता है कि किसने उस पर उपकार किया है ताकि उसे लौटा सकें

अथवा कौन उसे बदले में कुछ दे सकता है। राजसिक लोग बहुत बार मजबूरी अथवा दबाव में भी दान करते हैं। उन्हें इसलिए दान देना पड़ जाता है क्योंकि अन्य लोग दे रहे हैं। कभी कभी वे स्वयं की छवि बनाये रखने के लिए या अपने अहम् को संतुष्ट करने के लिए दान देना आवश्यक समझते हैं। ऐसा दान यदि गलत स्थान और समय पर दिया जाये, कुपात्र को दिया जाये, बिना सम्मान के दिया जाये अथवा उपेक्षा के साथ दिया जाये तो तामसिक कहलाता है। भ्रमवश तामसिक लोग उचित समय और स्थान को महत्त्व ही नहीं देते हैं।

भोजन, जल, वस्त्र तथा औषधि का दान ऐसा दान है जिसे किसी जरूरतमंद को बिना यह सोचे दे देना चाहिए कि वह पात्र है अथवा कुपात्र तथा समय और स्थान उचित है अथवा नहीं। इसी प्रकार किसी को भय अथवा यातना से मुक्त करके उसे अभयदान हर समय कर देना चाहिए। दान की मात्रा दान लेने वाले की आवश्यकतानुसार ही होनी चाहिए। अयोग्य व्यक्ति को भोजन और जल का दान करते समय हमें ध्यान रखना चाहिए कि उसकी उस समय की उसकी आवश्यकता कितनी

है। ऐसे व्यक्ति को यदि अधिक दे देंगे तो वह अवश्य उसका दुरूपयोग करेगा।

देना केवल परिवार तथा मित्रों तक ही सीमित नहीं होना चाहिए। ऐसे में आदान प्रदान की अपेक्षा की जाती है और यदि आदान प्रदान नहीं होता है अथवा अपेक्षा से कम होता है, तो संबंधों में निश्चित रूप से कटुता का जन्म होता है । कई अन्य प्रकार के परोपकार तथा दान भी होते हैं। यदि किसी को प्रोत्साहित करने से उसके रक्त प्रवाह में सुधार होता है तो इसे रक्तदान कहा जा सकता है। संकटकाल में किसी की सहायता के लिए किये श्रम को श्रमदान कहा जा सकता है। भोजन तथा जल को व्यर्थ न करने की आदत को अन्नदान तथा जलदान कहा जा सकता है। प्राकृतिक आपदा, महामारी आदि में स्वार्थहीन सेवा बिना झिझक के तथा पूरी क्षमता से की जानी चाहिए। ऐसे में समय, अवसर तथा मात्रा का कोई प्रतिबन्ध नहीं है।

14

कुछ जिज्ञासाएं

साधक के मन में अनेक प्रश्न उठते हैं जिनका समाधान उसकी आध्यात्मिक यात्रा के लिए आवश्यक होता है। यहाँ उनमें से कुछ प्रश्नों का उत्तर देने का प्रयास किया गया है। स्पष्टीकरण केवल सांकेतिक हैं। अधिक विस्तृत उत्तर पाने के लिए साधक को गीता के अथाह ज्ञान सागर में गहराई में उतरना होगा तथा मोती स्वयं चुनने होंगे।

प्र० : सांसारिक वस्तुओं की कामना करना हानिकारक है। लेकिन वस्तुओं की कामना किये बिना हम दूसरों की सेवा किस प्रकार कर सकते हैं?

उ० :   जो व्यक्ति सांसारिक वस्तुओं को महत्त्व देता है वह सेवा नहीं कर सकता है क्योंकि ऐसा करने से उसमें घमंड उत्पन्न होता है और वह अनजाने में अपने इस कार्य से आनंदित भी होता है। वस्तुओं से की गयी सेवा एक प्रकार की स्थूल सेवा है। वास्तविक सेवा भावों से होती है। सेवा तो हम अपने सीमित संसाधनों से भी कर सकते हैं।

प्र० :   शास्त्रों में कहा गया है कि जब भी धरती पर पापों की अधिकता होती है, उस समय ईश्वर अवतार लेकर पापियों का नाश करते हैं और ऐसे पापियों को तुरंत मोक्ष प्राप्ति होती है। तो यदि हम लगातार पाप करें तो ईश्वर को स्वयं आकर हमारा वध करना होगा। इस प्रकार हमें भी सरलता से मोक्ष प्राप्ति हो जाएगी।

उ० :   दलील तो बहुत रोचक है लेकिन हमें यह स्मरण रखना चाहिए की ईश्वर केवल उन दुर्जनों का विनाश करते हैं जिनका वध करने का सामर्थ्य किसी अन्य में नहीं होता है। अब यदि कोई अन्य आपको मार दे अथवा आपकी प्राकृतिक रूप से मृत्यु हो जाये तो आपकी ईश्वर द्वारा वध किये जाने की कामना किस प्रकार पूर्ण होगी? इस

कामना के कारण आप अनेकों पाप एकत्रित करके स्वयं को दण्डरूपी कर्मफल का भागी अवश्य बना लेंगे।

प्र० :   ईश्वर प्रत्येक जीव का भविष्य जानते हैं, इससे यह अर्थ निकलता है कि मनुष्य के बंधन तथा उसका मोक्ष पूर्वनिर्धारित हैं। तो फिर मनुष्य मोक्ष प्राप्ति के लिए प्रयास क्यों करे ?

उ० :   मनुष्य अपने पूर्व संस्कारों तथा उन कर्मों का लेखा जोखा लेकर जन्म लेता हैं जिनके लिए उसे इस जन्म में कर्मफल प्राप्त होना है। यह कर्मफल उसके जीवन में परिस्थितियों के रूप में प्राप्त होंगे। प्रत्येक परिस्थिति में मनुष्य के पास कर्म का विकल्प होता है। यह अधिकार उसे ईश्वर से प्राप्त है। कर्मों के सही चुनाव तथा अपनी मेहनत से मनुष्य अपने भाग्य को बदल भी सकता है। मनुष्य के सही निर्णय पर उसका बंधन में रहना अथवा मोक्ष निर्भर होता है। मनुष्य को मिलने वाला कर्मफल ही केवल पूर्वनिर्धारित होता है जो कि उसे इस जन्म में भोगना होगा और इस पर उसका कोई नियंत्रण नहीं होगा। मनुष्य अपने जीवन में आने वाली परिस्थितियों का उपयोग अपनी आध्यात्मिक

यात्रा की सफलता का प्रयास करने के लिए स्वतन्त्र है। प्रयास तथा कर्म पूर्णतया मनुष्य पर निर्भर हैं।

प्र० :   दर्शक केवल अपनी श्रेणी की वस्तुओं को ही देख सकता है, तो फिर चेतन आत्मा अचेतन बुद्धि की द्रष्टा कैसे हो सकती है?

उ० :   आत्मा अचेतन के साथ अपनी पहचान मानकर उसके साथ अपना सम्बन्ध 'मैं हू' के रूप में मान लेती है। यह 'मैं' न तो चेतन है और न ही अचेतन। संसार की अचेतन वस्तुओं के साथ अपना सम्बन्ध स्वीकार करते हुए आत्मा मानती है, 'मैं धनी हूँ, मैं ज्ञानी हूँ', आदि। और चेतन के साथ अपना सम्बन्ध मानते हुए यह कहती है 'मैं ब्रम्ह हूं'। इस प्रकार शरीर के अंदर स्थित आत्मा दो रूपों को पहचानने लगती है - चेतन तथा अचेतन। चेतन रूप उसे परमात्मा की ओर आकर्षित करता है तथा अचेतन से माने हुए सम्बन्ध के कारण दूसरा रूप उसे सांसारिक वस्तुओं की ओर खींचता है। इस प्रकार आत्मा बुद्धि, मन तथा इन्द्रियों की दर्शक बन जाती है। यह मानी हुई पहचान या सम्बन्ध ही सभी बुराइयों की जड़ है।

प्र० : आकस्मिक मृत्यु तथा असामयिक मृत्यु में क्या अंतर है?

उ० : यदि किसी की मृत्यु सांप के काटने से, ऊँचाई से गिर जाने से (स्वयं कूदने से नहीं), पानी में डूब जाने से, अचानक हृदय गति रुकने से अथवा दुर्घटना आदि से हो जाती है तो उसे आकस्मिक मृत्यु कहते हैं, जो कि पूर्वनिर्धारित होती है। ऐसी मृत्यु जीवनकाल समाप्त हो जाने के कारण होती है। यदि कोई व्यक्ति फांसी लगाकर, अग्नि अथवा कुँए में कूदकर, जहर खाने आदि से आत्महत्या कर ले तो उसे असामयिक मृत्यु कहते हैं। आत्महत्या जीवनकाल पूरा होने से पहले होने वाली मृत्यु है। लेकिन जो आत्महत्या करता है उस पर हत्या का पाप लगता है। कभी कभी ऐसा भी होता है कि आत्महत्या का प्रयास करने वाला व्यक्ति प्रयास में असफल होकर जीवित बच जाता है। ऐसा इसलिए होता है क्योंकि संभवतः उसके परिवार में किसी बालक का जन्म होने की प्रारब्ध हो, उसके द्वारा किसी का भला होना हो अथवा उसे पूर्वजन्मों के किसी कर्म का फल भोगना हो, और यह उसके जीवित बच जाने का कारण बन जाएँ।

प्र० :   क्या यह सच है कि मन पर नियंत्रण पाने के लिए उसे नियंत्रित करने का प्रयास नहीं करना चाहिए?

उ० :   लोग मन पर नियंत्रण पाने के लिए बहुत से जतन करते हैं लेकिन सफल नहीं हो पाते हैं। वास्तव में हमें न तो मन को किसी दिशा में जाने से रोकने का प्रयास करना चाहिए और न ही उसे बलपूर्वक किसी अन्य दिशा में ले जाने की कोशिश ही करनी चाहिए। मन को उसकी मनमानी पर छोड़ देना ही उचित होगा। विचार तो लगातार आते ही रहेंगे। हमारे प्रयासों का न तो मन पर और न ही उसकी चंचलता पर कोई प्रभाव पड़ेगा। हम भूल करते हैं कि पहले तो हम मन में उठ रहे विचारों से स्वयं को जोड़ लेते हैं और फिर आशा करते हैं कि हम मन पर नियंत्रण पा लेंगे। विचारों को मिटाने के प्रयास में हम उन्हें और मजबूती दे देते हैं। हम भूल जाते हैं कि मन इतना शक्तिशाली है कि वह हमें सरलता से अपने प्रवाह में शामिल करके, अपनी ही गति से, हमें एक विचार से दूसरे विचार पर उछालता रहेगा। हमें मन को अनदेखा करना सीखना होगा। सभी विचार धीरे धीरे विलुप्त

हो जाएंगे। हम मन को नियंत्रित करने का प्रयास न करें तभी मन नियंत्रण में आ सकेगा। यही नियम इन्द्रियों को वश में करने के प्रयास पर भी लागू होता है। उनपर नियंत्रण करने के स्थान पर हमारा प्रयास होना चाहिए कि वे हम पर नियंत्रण न पा सकें। हमें सदा तटस्थ तथा वियोजित रहने का प्रयास करना चाहिए।

प्र० :   यदि कामना की गयी वस्तु के प्राप्त होने से हमें सुख मिलता है तो ऐसा क्यों कहा गया है कि कामना दुखों का मूल कारण है?

उ० :   जब हम किसी सांसारिक वस्तु की कामना करते हैं तो हम उसके प्राप्त हो जाने कर प्रसन्न होते हैं। वास्तव में यह प्रसन्नता उस वस्तु के प्राप्त होने से नहीं बल्कि कामना पूरी हो जाने के कारण होती है। कोई भी वस्तु, स्वयं से, न तो किसी को सुखी कर सकती है और न ही दुखी। उदाहरण के लिए, जब हम धन की कामना करते हैं तो हम उसके प्रति आसक्त हो जाते है। कामना दृढ़ होते ही मन उसे पकड़ लेता है। एक सनक सी उत्पन्न होने लगती है। लेकिन जब वह कामना किया हुआ धन प्राप्त हो जाता है, मन द्वारा पकड़ा हुआ धन

मुक्त हो जाता है और हम प्रसन्नता अनुभव करते हैं। मनुष्य भूल से यह मान लेता है कि धन मिलने के कारण उसे प्रसन्नता हुई थी। इसलिए वह और कामनाएं करने लगता है और स्वयं को और बंधनों में बांध लेता है।

प्र० : यदि हम कहें कि ईश्वर हम में निवास करते हैं तो क्या इसका अर्थ होगा कि ईश्वर और हम दो अलग अलग तत्व हैं ?

उ० : ईश्वर से भिन्न होने के विचार हमारे अंदर अहम् एवं अज्ञान के कारण ही आ सकते हैं। जबकि वास्तव में यह सत्य नहीं है। जब गंगा में बाढ़ आती है तो उसका पानी किनारों की सीमा के बाहर निकल आता है। उससे किनारे के निकट स्थित गड्ढे भी भर जाते हैं। समय के साथ उन गड्ढों में रुका हुआ जल गन्दा हो जाता है और उसमें जीवाणु तथा कीड़े जन्म ले लेते हैं। लेकिन जब यही पानी गंगा जी के जल के साथ पुनः मिल जाता है तो उसकी अशुद्धियाँ गायब हो जाती हैं और वही जल पवित्र और शुद्ध हो जाता है। इसी प्रकार जब अहम् के कारण मनुष्य का ईश्वर की ओर झुकाव

कम हो जाता है तो उसके अंदर द्वेष, शत्रुता, कमी, असंतोष, असमानता, सीमितता, जड़ता और अपवित्रता आदि अनेक दोष उत्पन्न हो जाते हैं। लेकिन जब वह पुनः ईश्वर की शरण में चला जाता है तो उसके सभी दोष समाप्त हो जाते हैं। इसका कारण हैं कि मूलतः ईश्वर का अंश होने के कारण से वह सर्वदा दोषरहित है। सभी दोष उसके अंदर अहम् एवं अज्ञान के कारण ही उत्पन्न हुए थे।

प्र॰ : मोक्ष प्राप्त करने के लिए क्या अपने अंदर के दोषों को दूर करना आवश्यक है?

उ॰ : मनुष्य यह विश्वास रखता है कि मोक्ष के लिए अपने अंदर के दोषों को दूर करना आवश्यक है। लेकिन जो तरीका हम सांसारिक वस्तुओं को प्राप्त करने के लिए प्रयोग करते हैं वह ईश्वर प्राप्ति में काम नहीं आएगा। हाँ, दोषों को दूर करने से हमारी सोच और दृष्टिकोण में अवश्य बदलाव आएगा। जितने भी दोष हैं वे सभी नाशवान शरीर में हैं जबकि मोक्ष प्राप्ति आत्मा का लक्ष्य है। आत्मा वास्तव में दोषहीन है तथा जो भी दोष दिखाई देते हैं वे केवल माने हुए हैं। जैसे जैसे हम

अपनी आध्यात्मिक यात्रा में आगे बढ़ते हैं, हम पाते हैं कि हमारे दोष धीरे धीरे कम होते जा रहे हैं। दोषों के कम होते हुए भी आत्मा में कोई अंतर नहीं आता है। इससे सिद्ध होता है कि दोषों का आत्मा से कोई सम्बन्ध नहीं है। इसी प्रकार हमें दूसरों को भी दोषरहित मानते हुए उनसे उपयुक्त व्यवहार करना चाहिए।

प्र० : ऐसा क्यों लगता है कि सज्जन लोग कष्ट भोगते हैं लेकिन बुरे लोगों का समय आनंद में बीतता है?

उ० : पूर्व जन्मों का कर्मफल हमारे जीवन में परिस्थितियों के रूप में आता है। इन परिस्थितयों का उचित उपयोग करके अपने कर्मों का बोझ कम करने की हमें पूर्ण स्वतंत्रता है। बुरे लोगों के जो आनंद के पल हैं वे उनके पूर्व जन्मों के कर्मफल के रूप में उन्हें प्राप्त हुए हैं। लेकिन आनंद में लिप्त हो जाने के कारण वे उन पलों का उचित उपयोग करके अपने कर्मों को अकर्मों में परिवर्तित नहीं कर पाते हैं। इस जीवन में किये गए कर्म नए हैं जिनका उचित फल उन्हें बाद में अवश्य प्राप्त

होगा। सज्जन लोग जीवन में कोई बुरा काम नहीं करते हैं। जो कष्ट उन्हें प्राप्त होता है वह उनके संचित कर्मफल को और कम करता है। वैसे भी सज्जन लोग परिस्थितयों द्वारा मिलने वाले कष्ट को कष्ट नहीं बल्कि ईश्वर का प्रसाद मानते हैं।